JN409858

동화론

동화론

이성훈 저

건국대학교출판부

머리 말

오늘날 동화에 대한 관심이 만연되어 있으면서도 동화에 대한 제대로 된 이론서는 없는 실정이다. 시나 소설이나 드라마를 쓰거나 분석할 때 각기 알맞은 이론을 적용하듯이, 동화도 동화 이론에 따라 쓰고 분석해야 한다. 혹자는 '동화 이론이 있을 수 있나? 그냥 서사 이론에 따라 문학성을 바탕으로 쓰거나 분석하면 되지'라고 쉽게 생각한다. 그러나 이는 잘못된 생각이다. 지금까지 한국 아동문학에서 이런 식으로 동화를 분석하고 비평하거나 창작해 왔다. 이에 본 저술은 동화의 올바른 이론을 제시, 설명함으로써 한국 동화에 획을 긋는 동화의 바이블 역할을 할 것이다.

동화 이론은 크게 문체양식 이론과 구조 이론 그리고 심리 이론으로 나누어진다. 문체양식 이론가는 뤼티Lüthi이고, 구조 이론가는 프로프Propp이며, 심리 이론가는 프란츠Franz이다. 이들도 밝혔듯이 동화를 분석 연구함에 있어 이 세 가지 이론은 서로 절충되어야 한다. 따라서 이들의 이론을 바탕으로 그동안 필자가 연구한 동화 이론을 정립하여 본 저술에서 소개하고자 한다. 더욱이 동화의 고전인 그림 동화와 안데르센 동화, 한국 전래동화, 창작동화 등을 중심으로 동화 이론의 분석 방법을 제시함으로써 그 이해를 도모하고, 동화 창작과 비평, 미디어와 콘텐츠 및 동화 엔터테인먼트 활용에 도움이 되기를 기대한다.

끝으로 동화 관련 전공서적이 미비한 현실에서 개척자의 자세로 도서 출판에 도움을 주신 건국대학교출판부 신채호 부장님과 박명희 선생님께 감사의 마음을 전한다.

2014년 1월

이성훈

차 례

심리 이론

『그림 동화』(페스탈로치 출판사, 1996) 표지

그림 동화는 동화문학의 위대한 유산이다. 중세의 구전문학뿐만 아니라, 근대의 민중본이 그림 형제에 의해 『아동과 가정 동화』 속에 전승되어 수집되었기 때문이다. 예를 들면, 그림 동화 「바다토끼」는 중세부터 전해 내려온 이야기를 기록한 것이고, 그림 동화 「황금새」와 「삼형제」는 중세의 성담을 정리한 것이며, 그림 동화 「배낭, 작은 모자 그리고 작은 호각」, 「늑대와 여우」, 「여우와 고양이」, 「대부 죽음」, 「이브의 같지 않은 아이들」 등은 민중본의 대가 한스 작스Hans Sachs의 우화와 익살을 소재로 만들어진 것이다. 심지어 종교개혁자 마틴 루터의 누가복음 해설로부터 그림 동화 「신데렐라」와 「용감한 재단사」가 만들어졌고, 인문주의자들의 영향으로 그림 동화 「부엉이」가 나왔으며, 민중본 「리옴브루노Liombruno」는 그림 동화 「황금산의 왕」으로, 민중본 「포르투나투스Fortunatus」(1509)는 그림 동화 「당나귀 약초」로 전승되어 기록된 것이다.

여기서 다루게 될 그림 동화 「지빠귀수염 왕」도 구전되어 온 이야기이다. 정확히 언제부터 이 동화가 시작되었는지는 모르지만. 그림 형제에게 이 이야기를 전해 준 사람은 하센플루크 가족이다. 형 야콥 그림이 이탈리아 동화작가 바실레Basile가 쓴 「벌 받은 교만」을 번역함으로써 그 이야기에 문헌적인 뒷받침을 했고. 이것을 동생 빌헬름 그림이 카셀에서 그의 부인이 된 도르트헨 빌트의 도움 아래 「지빠귀수염 왕」으로 완성한 것이다.

동화연구에서 심리분석 방법이 도입된 것은 20세기 초 프로이트와 융의 심층심리학의 영향이다. 먼저 프로이트의 정신분석학 이론을 그의 후계자들이 동화문학에서 분석하기를 시도했는데. 프란츠 리클린Franz Riklin. 칼 아브라함Karl Abraham. 그란트 두프Grant Duff. 말레트C. H. Mallet. 폰 하르나크G. A. von Harnack. 호른K. Horn. 루츠 뢰리히Lutz Röhrich 등이 그들이다. 한편 융의 분석심리학 이론을 동화문학에 적용시켜 분석함으로써 세계적으로 이름을 떨친 이는 마리-루이제 폰 프란츠Marie-Louise von Franz이다. 폰 프란츠는 특히 그녀의 『심리적 동화해석*Psychologische Märcheninterpretation*』에서 분석심리학의 개념들 — 원형. 그림자. 아니마. 아니무스 등 — 을 중심으로 여러 나라의 동화들에 대해 심리적 분석을 시도했다. 필자의 관심은 바로 여기에 있으며. 무엇보다도 심리적 동화연구의 핵심이라고 할 수 있는 아니무스와 아니마의 문제를 중심으로 그림 동화 「지빠귀수염 왕」을 분석하려는 것이다.

1) 아니무스

융의 분석심리학에서 나온 개념 '아니무스Animus'는 '여성 내면의 남성상'이다. 다시 말해, 아니무스는 내적 인격으로서 여성의 마음속에 있는 남성상이며, 흔히 여성의 억압된 남성적 특성으로서 동화에서는 영웅과 현사, 왕자와 기사 같은 멋진 남자 주인공들로 나타난다. 폰 프란츠는 이것을 '여성의 아니무스'라고 부르고, 그것을 의식적으로 그림 동화 「지빠귀수염 왕」에서 다룰 것을 시도했다. 사실 동화문학에서 여자 주인공을 중심으로 이야기가 전개되기 때문에, 여성의 아니무스보다는 '남성의 아니마Anima'가 더 많은 심리분석의 대상이 된다. 그러나 대부분의 청춘 남녀를 주인공으로 한 동화에서는 여성의 아니무스와 남성의 아니마가 잘 조화되어 표출되기 때문에, 두 가지 개념을 동시에 분석할 필요가 있다. 따라서 필자는 그림 동화 「지빠귀수염 왕」을 폰 프란츠와는 달리 '공주의 아니무스'와 '지빠귀수염 왕의 아니마'의 두 가지 문제를 중심으로 심리적 분석을 시도하는 것이다.

그림 동화 「지빠귀수염 왕」의 서두문은 다음과 같이 시작된다.

> 왕이 딸 하나를 데리고 있었는데, 굉장히 아름다웠어요. 그러나 동시에 너무 교만하고 눈이 높아서, 어떤 청혼자도 마음에 들지 않았어요. 그녀는 한 사람씩 차례대로 거절했고 게다가 조롱까지 했답니다.

"옛날 옛적에"로 시작되는 전래동화의 서두문 양식을 약간 벗어나서 "왕이 딸 하나를…"로 이 동화가 시작되지만, 그렇다고 이것을 창작동화의 서두문 양식이라고 할 수는 없으며, 단지 전래동화의 서두문 양식을 약간 변형하여 시작했다고 말할 수 있다. 또한 제목에서 언급된 이름 '지빠귀수염 왕'이 동화 주인공으로서 서두문을 시작하는 게 아니라, 공주가 실제 주인공으로서 서두문을 장식한다. 공주는 다양한 계급과 신분의 청혼자들 중 왕의 신분으로 맨 윗줄에 서 있던 한 착한 왕에게 "그는 지빠귀 부리 같은 턱을 가지고 있군!"이라고 조소하면서 퇴짜를 놓았기 때문에, 이후 그 청혼자는 '지빠귀수염'이라는 이름을 가지게 되며, 바로 이 자가 동화 제목에서 언급한 '지빠귀수염 왕'이다. 폰 프란츠가 "이름 '지빠귀수염'이 '푸른 수염'과 유사하다."고 주장하지만, 이것은 잘못된 주장이다. 왜냐하면 프랑스 페로의 동화 「푸른 수염」은 그림 동화 「지빠귀수염 왕」과 전혀 다른 내용의 이야기이고, 문헌적인 기록에서도 그 유사성을 전혀 발견할 수 없기 때문이다. 단지 제목이 비슷하다고 해서 그렇게 판단한 것은 많은 사람들이 순간적으로 가져올 수 있는 실수라고 말할 수 있지만, 막연한 추측을 근거 없이 기술하는 것은 큰 오류이다. 페로 동화 「푸른 수염」에서도 제목에서 언급된 푸른 수염의 부유한 남자보다 그의 옆집에 사는 막내딸이 동화 주인공의 역할을 한다. 그녀는 푸른 수염과 결혼하고, 그에게 순종하면서 잘 지내지만, 금지된 작은 비밀의 방을 열고 그 안에서 피가 흥건한 여자 시체를 봄으로써, 푸른 수염이 살인마라는 비밀을 밝혀낸다. 결국 그녀는 격노한 푸른 수염을 두 명의 오빠들 도움으로 죽이고 많은 재산을 차지한 후 다른 남자와 결혼한다. 이러한 「푸른 수염」의 줄거리를 바탕으로 폰 프란츠 입장에서 설명하자면, 살인자 푸른 수염은 치명적이고 악한 부정적 아니무스의 표출이며, 그의 아내는 어떻게 해서라도 살아남으려는 긍정적 아니마의 표상이라고 할 수 있다.

그림 동화 「지빠귀수염 왕」에서 공주의 아니무스는 그녀를 위한 삶의 원형이다. 동화 속에서 공주는 아버지와 단 둘이 살고 있어서, 어려서부터 자연스럽게 아버지의 모습이 그녀의 아니무스의 원형이 된 것이다. 비록 공주가 시집갈 나이에 도달했을지라도, 그녀는 여전히 내적 인격 아니무스에 사로잡혀 살아가기 때문에, 그녀에게 청혼하는 뭇 남성들에게 경멸적이고 조소적이며 비판적인 입장을 취한다. 일반적으로 아버지는 눈에 넣어도 아프지 않은 딸을 키우면서, 결혼할 나이가 된 딸을 다른 남자에게 선뜻 내주기를 싫어하는 데 반해서, 동화 속의 아버지는 그러한 마음이 없진 않겠지만, 자신이 구혼자들을 불러 모아서 공주의 배필을 정해 주려고 한다. 이러한 부모의 전형적인 상반 감정의 양립 속에서 왕은 청혼자들을 거절하는 공주를 가장 비천한 계급에 속한 '상거지'에게 시집보낼 것을 결정한다.

그러나 늙은 왕은 그의 딸이 사람들을 조롱하는 일 이외에, 그리고 모인 모든 청혼자들을 거절하는 일 이외에 아무것도 하지 않는 것을 보자, 마침내 화가 나서 그녀가 그의 성문으로 들어오는 첫 번째 상거지를 그녀의 남편으로 취해야만 한다고 맹세했어요.

늙은 왕의 자포자기가 공주를 가난한 '악사'와 결혼시키게 하는데, 이것은 공주의 아니무스를 일깨우려는 일종의 트릭이다. 다시 말해, 공주의 무의식에 고착된 남성적 인격을 아버지상像에서 다른 젊은 남자로 전이시키려는 의도적 계획이다. 어차피 사랑하는 딸을 평생 데리고 살 수 없다면, 자신이 점찍어 둔 젊은 왕에게 공주를 맺어 주고 싶은 늙은 왕의 결심이라고 할 수 있다. 이와 같은 결심과 더불어 필요한 요소가 공주의 자각이다. 지금까지 아버지의 품 안에서 호의호식하면서 아무 부족함 없이 살아왔기 때문에, 공주는 여전히 자기의 잠재된 무의식적 남성상에서 벗어나지 못한 채, 아무 생각 없이 그대로 생을 이어가리라 생각했을지도 모른다. 그래서 공주에게 반드시 필요한 개념이 자신의 아니무스를 현실의 존재에서 발견하는 자각인 것이다.

이제 거지 남편의 손에 이끌려, 공주는 아버지 곁을 떠나 성 밖으로 나간다. 여기서 성은 공주의 아니무스를 키워 왔던 낙원이자 동시에 감옥이다. 따라서 성을 떠난다는 것은 공주의 내적 인격 아니무스가 외적 인격 페르조나Persona에 대응한다는 뜻이다. 하늘 높은 줄 모르던 교만한 공주가 거지의 아내로서 커다란 숲과 초원 그리고 대도시를 지나갈 때, 그 모든 것이 지빠귀수염 왕의 소유라는 것을 알자, 그때마다 "아, 내가 지빠귀수염 왕을 취했다면 좋았을 텐데!"라고 후회한다. 자신이 소홀히 행한 것에 대한 후회를 통해 자신을 불쌍하고 연약한 처녀라고 고백하는 자기반성이 아니무스에 사로잡힌 공주에겐 전형적인 모습이다. 더욱이 아니무스에 사로잡힌 공주가 악사의 오두막집에 도착했을 때, 내뱉은 첫마디가 "하인들은 어디에 있어요?"이다. 본인에게 닥친 현실 상황을 아직 받아들일 수 없는, 잠재의식 속에 머무는 자로서 공주는 여전히 화려한 궁궐과 많은 하인들을 소유한 위대한 왕을 그녀의 아니무스로 그리는 것이다.

2) 아니마

비록 공주를 자신의 아니마 상으로 여기고 거지로 변장하여 결혼에 성공한 지빠귀수염 왕이라고 할지라도, 아니무스에 사로잡힌 공주를 자기반성의 현실로 이끌기 위해 불을 피우고 요리하는 가정주부로 만든다. 자신에게 잠재된 무의식적 여성상인 공주를 실제의 가정주부로 만들고 싶은 마음이 남자 주인공에게 있겠느냐마는, 공주의 아니무스 상을 그녀의 아버지로부터 자신에게로 돌리려는 치밀한 계획에 따라 지빠귀수염 왕은 그의 프로젝트를 강행하는 것이다.

지빠귀수염 왕의 프로젝트는 아니무스에 사로잡힌 공주를 첫째 가정주부로, 둘째 광주리 엮는 일로, 셋째 실을 잣는 일로, 넷째 항아리와 질그릇 파는 일로, 다섯째 부엌데기 등으로 훈련시켜, 궁극적으로는 자신의 아니마와 공주의 아니무스를 조화시키는 일이다.

먼저, 아니무스에 사로잡힌 공주는 거지남편이 시키는 대로 가정주부로서의 역할을 행한다. 아니무스의 타성에 의해 마비된 최면 비슷한 상태에서 공주는 수동적 여성답게 남편의 명령에 순종한다. 그러나 그녀는 집안일을 할 능력이 없다. 무의식적 의식의 세계에서 살아가는 공주에게 가정주부의 역할은 평생해 본 적이 없는 천한 일이요, 즐거움이 없는 경직된 삶이다.

이제 그동안 저장해 놓은 식료품이 다 떨어지자, 지빠귀수염 왕은 공주에게 버들가지로 광주리를 엮을 것을 요구한다. 딱딱한 버들가지에 그녀의 연약한 손이 상처 난다. 이어서 행하는 실을 잣는 일도 마찬가지다. 거친 실에 그녀는 손가락을 베어 피를 흘린다. 그러자 지빠귀수염 왕은 "당신은 어떤 일에도 쓸모가 없소."라고 말하면서, 항아리와 질그릇을 파는 일을 위해 공주를 시장으로 내보낸다. 사실 광주리를 엮는 일이나 항아리와 질그릇을 파는 일은 남자가 할 일이다. 더욱이 자신의 내면의 여성상으로 공주를 흠모하고 있던 지빠귀수염 왕에게 자기의 아니마를 거친 일과 밖으로 내치는 일은 굉장한 모험이다. 하지만. 이 모든 것이 그의 계획에 의해 진행되는 일이기에. 아무것도 모르는 공주만이 실제로 남편을 먹여 살리기 위해 순종한다. 다시 말해. 아니무스에 사로잡힌 공주가 무의식적인 활동으로서 가난하고 천한 하녀의 역할을 행하며. 참회하는 자세로 자신의 현재의 처지를 받아들이는 것이다.

마치 한국 전래동화 『선녀와 나무꾼』에서 나무꾼이 자신의 아니마인 선녀를 부인으로 맞이하기 위해 몰래 날개를 훔치듯이. 지빠귀수염 왕은 자신의 아니마인 공주의 질그릇 파는 일을 방해하기 위해 몰래 경기병으로 변신한다. 사실 질그릇은 여성의 상징이다. 실제로 시장에서 사람들은 질그릇보다도 공주의 아름다운 모습에 반해 물건을 사거나. 심지어 그릇은 놔두고 그냥 돈을 놓고 간다. 그러니 남성의 억압된 여성적 특성인 아니마에 사로잡힌 지빠귀수염 왕이 공주의 질그릇 파는 일을 그대로 놔둘 수 있겠는가.

> 그때 갑자기 술에 취한 경기병이 그곳으로 달려왔고. 바로 그릇들 속으로 말을 몰고 갔어요. 모든 것이 수천 조각으로 깨졌어요.

공주의 내적 인격인 아니무스 상이 술 취한 또 다른 아니무스의 공격에 의해 산산조각이 난다. 이것은 곧 지빠귀수염 왕의 잔인한 감정의 폭발이며. 뭇 남성들에게 휘둘리는 공주에게 질투심을 느껴 확고한 아니무스 상을 정립시키려는 그의 아니마의 표출이다. 즉, 지빠귀수염 왕의 여성적 무의식적 인격체인 아니마가 정신적인 자해를 일으켜 무의식을 의식화함으로써 자기정체성을 각인시키는 것이다.

이제 지빠귀수염 왕은 공주의 아니무스 상을 그녀의 아버지로부터 자신에게로 돌리려는 그의 마지막 프로젝트에 따라 공주를 '부엌데기'로 만든다.

> 이제 공주는 부엌데기가 되었고, 요리사를 도와주어야만 했고 가장 힘든 일을 해야만 했어요.

공주는 외부 세계에 적응하면서 생겨난 기능 콤플렉스인 부엌데기라는 페르조나를 굴욕적으로 감수한다. 부엌데기는 공주라는 개인을 포장하고 있는 집단정신의 인위적인 단면이다. 공주는 부엌데기라는 가면을 쓰고, 힘든 부엌일을 하는 비참한 하녀의 역할을 행한다. 하지만, 페르조나는 하나의 가상이고, 단지 외계의 대상과의 관계를 맺게 하는 외적 기능이기 때문에, 원래의 자아로 돌아가는 길을 찾아야 한다. 그것이 곧 자기 자신의 발견이며, 진정한 개성 찾기이다. 그래서 공주는 자기실현을 위해 가장 밑바닥 인생으로 내려가 하인들이 던져 주는 음식찌꺼기를 받고, 그 음식을 바닥 위에 떨어뜨리자 집단적 조롱과 멸시를 받는다. 이러한 조롱과 비웃음에 대해 공주는 너무 창피해서 쥐구멍이라도 들어가고 싶은 심정을 느낀다. 이것이 바로 자기 자신을 내던지는 것을 의미한다. 곧 나와 의지력을 내버림으로써 공주는 본연의 사회적 신분을 회복하며, 그녀의 진정한 아니무스를 찾는 것이다.

3) 아니무스와 아니마의 조화

아니무스와 아니마는 상호보완적 개념이다. 아니무스가 남성을 상징한다면, 아니마는 여성을 상징한다. 그럼에도 불구하고 아니무스는 여자의 무의식에 잠재된 남성적 인격체이고, 아니마는 남자의 무의식에 잠재된 여성적 인격체이다. 일반적으로 남자는 사냥꾼과 싸움꾼으로서 죽이는 것이 예사이기에, 아니무스는 죽음의 상징이 되고, 반면에 여자는 생명에 이바지하기 때문에, 아니마는 삶의 상징이 된다. 그래서 아니무스가 부정적 인격이라면, 아니마는 긍정적 인격이라고 말할 수 있다.

흔히 동화문학에서 왕과 영웅은 아니무스 상으로, 선녀와 왕비는 아니마 상으로 나타나듯이, 그림 동화「지빠귀수염 왕」에서도 지빠귀수염 왕은 아니무스 상으로, 공주는 아니마 상으로 나타난다. 동화의 서두에서 공주가 그녀의 억압된 남성적 특성인 아니무스가 지빠귀수염 왕이라는 것을 알았다면, 동화의 줄거리는 사뭇 다르게 전개되었을 것이다. 그러나 그녀가 자신의 아니무스를 의식하기까지의 과정과 시간이 필요했기에, 비로소 동화의 말미에서 공주는 그녀의 아니무스 상을 지빠귀수염 왕과 일치시킨다. 다시 말해, 공주는 가난과 고난의 과정과 시간을 통해 무의식을 의식화함으로써, 무의식과 의식의 단절을 해소하고, 무의식의 개념인 아니무스를 의식의 개념인 지빠귀수염 왕과 하나로 통합하는 것이다.

긍정적인 내적 인격 아니마를 소유한 지빠귀수염 왕은 부정적인 내적 인격 아니무스를 소유한 공주와는 다르다.

> 그는 그녀에게 다정하게 "두려워 마시오. 당신과 함께 가난한 집에서 살았던 악사는 나와 같은 사람이오. 당신을 위해 내가 변장한 거요. 그리고 당신의 그릇들을 말을 몰고 가서 두 동강이 낸 경기병 또한 나였소. 그 모든 일이, 당신의 거만한 마음을 굴복시키고, 당신이 나를 조롱한 교만을 벌하기 위해 일어났던 거요."라고 말했어요.

어려서부터 홀로 아버지, 곧 강력한 왕과 함께 살았던 공주는 아버지 콤플렉스에 사로잡혀 힘 있는 아버지 이외에 어떤 남자도 관심 없으며, 오히려 모든 청혼자들을 조롱하고 경멸하며 퇴짜 놓았다. 이러한 부정적 아니무스에 사로잡힌 공주를 지빠귀수염 왕은 처음부터 끝까지 긍정적 아니마를 간직한 채 사랑하고, 가난한 악사로, 술 취한 경기병으로 변신하여 그녀의 주변에서 맴돌며, 그녀가 스스로 깨달을 때까지 기다린다. 보몽의 동화 『미녀와 야수』에서 미녀가 처음에는 너무나 무섭고 싫었던 야수를. 결국 사랑하고 야수에게 청혼하듯이. 그림 동화 「지빠귀수염 왕」에서도 공주가 처음엔 조롱과 놀림의 대상이었던 지빠귀수염 왕을. 결국 인정하고 그와 결혼한다.

> 그러자 그녀는 몹시 울면서 "내가 큰 잘못을 저질렀어요. 그리고 당신의 아내가 될 자격이 없어요."라고 말했어요. 그는 그러나 "슬퍼마시오! 나쁜 날들은 지나갔소. 지금 우리의 결혼식을 거행합시다."라고 말했어요.

'큰 잘못'과 '아내가 될 자격이 없다'는 공주의 깨달음이 자기극복이라면. '결혼식을 올리자'는 지빠귀수염 왕의 큰 사랑은 자기실현이다. 결국. 두 사람의 결혼을 통해 부정적 아니무스와 긍정적 아니마의 조화가 성취된다. 이것이 곧 남성과 여성의 대극합일對極合一을 상징적으로 표현하는 것이다. 따라서 결혼은 가장 중요한 인간의 행동견본이며. 온갖 정신적 갈등과 정신적 해리를 치유하는 능력이다. 그래서 이 동화는 "진정한 기쁨이 지금 비로소 시작되었어요."로 끝을 맺는다.

여자가 아니무스에 사로잡히면 잡힐수록. 그만큼 더 많이 그녀는 남자들을 소외시하는 반면에. 남자가 아니마에 사로잡히면 잡힐수록. 그만큼 더 많이 그는 여자들을 가까이 한다. 이와 같이 아니무스와 아니마의 관계는 상반된 관계이지만. 상호보완적인 관계이기도 하다. 왜냐하면 그림 동화에서 부정적 아니무스에 사로잡혀 순수한 사랑도 열정도 보일 수 없는 공주를, 긍정적 아니마에 사로잡힌 지빠귀수염 왕이 끊임없이 사랑하고 뜨거운 열정으로 감싸기 때문이다.

무의식과 의식의 관계도 마찬가지로 상반된 개념이지만, 상호보완적인 관계이다. 무의식 세계의 내적 인격체인 아니무스와 아니마가 의식 세계의 외적 인격체인 페르조나와 하나로 통합될 때, 무의식의 창조적 기능이 의식의 일방성一方性으로 나타난다. 다시 말해, 내면의 세계, 곧 어둠의 세계인 자기의 세계를 외면의 세계, 곧 빛의 세계인 자아의 세계로 끌어올리는 과정이 깨달음의 과정이요, 자기실현의 과정이다. 바로 이 깨달음의 과정, 자기실현의 과정을 통해 공주의 아니무스의 원형이 아버지에서 지빠귀수염 왕으로 승화되며, 지빠귀수염 왕의 아니마와 조화를 이루는 것이다.

마침내 공주와 지빠귀수염 왕은 결혼식을 통해 자신들의 무의식과 의식의 단절을 해소하고, 자기정체성을 정립하며, 아니무스와 아니마의 대극합일을 성취하는 것이다.

나는, 당신과 나, 우리가 또한 그 자리에 있었기를 기대한답니다.

심리적 갈등

그림 형제는 독일 헤센 주의 수도인 카셀에서 그들의 『아동과 가정 동화』를 수집하여 출판했다. 그림 형제는 수집의 천재였다. 모두 210편의 동화를 수록한 그들의 동화모음집은 그들이 전해 들은 이야기들을 그대로 수집하여 기록한 것이다. 그림 형제는 1812년에 우선 86편의 동화를 『아동과 가정 동화』 제1부에 수록했고, 1815년에 70편의 동화를 제2부에 수록하여 출판했다. 따라서 그림 형제의 동화모음집 초판에 모두 156편의 동화가 실린 셈이다. 그 후 1819년, 1837년, 1840년, 1843년, 1850년에 걸쳐 그들은 모음집의 초판에 실린 동화들을 내용적으로 수정했을 뿐만 아니라, 이야기들을 보충했으며, 마침내 1857년 최종판에서 오늘날 우리가 읽게 되는 210편의 동화모음집을 완성한 것이다.

특히 그림 형제에게 많은 동화들을 이야기해 준 사람들이 있었는데, 그들 중에 빌트 자매들이 가장 눈에 띈다. 나중에 빌헬름 그림과 결혼하게 되는, 언니 도르트헨 빌트가 들려준 동화들이 「작은 식탁아 식사준비를 해라」, 「홀레 부인」, 「세 난쟁이」, 「여섯 마리 백조」, 「노래하는 뼈다귀」, 「사랑하는 롤란트」, 「헨젤과 그레텔」 등이며, 동생 그레트헨 빌트가 전해 준 동화들이 「백조 왕자」, 「마리아의 아이」, 「성실한 대부 참새에 대하여」, 「바보에 대하여」, 「사회에서 고양이와 쥐」, 「도난당한 동전에 대하여」 등이다.

이 중에서 필자의 관심은 「마리아의 아이」에 집중된다. 그 이유는 이 동화가 의도적으로 기독교 성담을 바탕으로 서술되었고, 신적 존재와 인간 사이에 야기되는 갈등과 화해의 문제를 심도 있게 다루고 있기 때문이다. 따라서 본 장에서는 그림 동화 「마리아의 아이」가 기독교적 윤리의식에 따라 어떻게 수정·개작되었는지 1812년의 초판과 1857년의 최종판을 비교 연구해 보고, 아울러 어떠한 동화적 특징들이 나타나는지 분석해 보며, 비록 심리적 문제일지라도 여주인공에게 야기되는 내면적 갈등의 문제를 신적 인물 성모 마리아와 관련해서 살펴보고자 한다.

1) 갈등

1807년에 카셀에서 그레트헨 빌트가 들려주었던 동화 「마리아의 아이」를 그림 형제는 1812년에 그들의 동화모음집 『아동과 가정 동화』에 세 번째로 수록했다. 그림 형제가 동화모음집의 「서문」에서 그들이 약 13년 동안 수집한 동화들을 충실과 진실로서 그대로 복제했다고 밝혔듯이, 원래 『아동과 가정 동화』의 초판은 가공하지 않은 순수한 전래동화집이었다. 특히 야콥 그림은 그 동화모음집을 문자대로의 철자에 충실한 기록물로 만들려고 했다. 그러나 빌헬름 그림이 동시대 사람들의 요구에 따라 1819년 두 번째 판부터 혼자서 텍스트를 다듬고 덧붙였다. 즉, '동화책은 교육서가 되어야 한다'는 신념하에 빌헬름은 색정적이고 상스러운 표현은 삭제하였고, 사회비판적인 내용은 약화시켰으며, 의도적으로 기독교 윤리에 맞춰 경건한 내용을 첨부했다. 바로 이러한 관점으로 그림 동화 「마리아의 아이」는 빌헬름 그림에 의해 수정·가공되었고, 이미 제목에서 기독교의 신앙심 깊은 특성이 나타난다. 다시 말해, 제목 '마리아의 아이'에서 마리아는 성모 마리아를 의미하며, 그녀의 아이는 곧 '예수 그리스도'와 동일시된다. 그러나 빌헬름 그림은 예수를 동화에 직접 등장시키는 게 아니라, 여주인공 '마리아의 아이'를 등장시킨다. 그 이유는, 성부·성자·성령의 삼위일체인 예수를 직접 동화의 주인공으로 삼으면 동화가 아니라 성담이 되기 때문이고, 또한 구두로 전해들은 이야기의 줄거리가 심각하게 훼손될 우려가 있기 때문이며, 결정적으로 이 동화의 여주인공인 마리아의 아이는 성모 마리아가 직접 낳은 딸이 아니라 가난한 나무꾼 부부의 딸이기 때문이다.

커다란 숲 앞에 한 나무꾼이 그의 아내와 함께 살고 있었어요. 그는 단지 한 명의 아이를 두었는데, 그 애는 세 살 먹은 계집애였어요. 그러나 그들은 너무 가난했기 때문에, 더 이상 일용할 양식을 갖지 못했고, 그 아이에게 무엇을 먹여야 할지 몰랐습니다. 어느 날 아침 나무꾼은 근심에 가득 차서 숲 속으로 일을 하러 갔어요. 그리고 그가 거기서 나무를 베고 있을 때, 갑자기 한 아름답고 커다란 여인이 그의 앞에 서 있었어요. 그녀는 머리 위에 빛나는 별로 장식된 왕관을 쓰고 있었고 그에게 말했어요. "나는 성모 마리아이고, 아기 예수의 어머니이지요. 당신은 가난하고 옹색하죠. 내게 당신의 아이를 데려오세요. 내가 그 애를 데려가서, 그 애의 엄마가 되어, 그 애를 돌봐 줄게요." 나무꾼은 순종했고, 그의 아이를 데리고 와서 성모 마리아에게 맡겼어요. 그녀는 그 애를 데리고 하늘로 올라갔습니다. 거기서 그 애는 잘 지냈고, 사탕과자를 먹었으며 달콤한 우유를 마셨어요. 그리고 그 애의 옷들은 금으로 되어 있었고, 아기 천사들이 그 애와 함께 놀았어요.

동화의 서두문에서 이미 이 동화의 중요한 등장인물들이 소개되는데, 나무꾼과 그의 부인, 그의 딸, 성모 마리아, 아기 천사 등이다. 이들 중에 나무꾼과 그의 부인, 그의 딸은 이승의 존재이고, 성모 마리아와 아기 천사는 저승의 존재이다. 이승과 저승의 존재가 아무런 거리낌 없이 자연스럽게 교제하는 전래동화적 특징이 나타나는데, 이것을 동화 이론가 막스 뤼티Max Lüthi(1909~1991)는 '일차원성'이라고 부른다. 우리는 흔히 세계를 3차원으로 나눈다. 그래서 3D라는 표현을 즐겨 쓰기도 한다. 그러나 동화의 세계는 일차원이다. 즉 1D라는 말이다. 하늘과 땅 그리고 바다로 나누어진 세계가 동화 속에서는 구분이 있지만 하나의 공간처럼 느껴진다. 그래서 하늘과 땅과 바다가 마치 하나의 동일한 차원인 양, 이승 존재와 저승 존재가 자유롭게 왕래하고, 서로 자연스럽게 교제하며, 이승 존재의 고민과 갈등을 저승 존재가 조력자로서 해결해 준다. 다시 말해, 저승 존재인 성모 마리아는 동화 이론가 블라디미르 프로프Vladimir Propp(1895~1970)가 주장하는 '조력자의 행동영역' 중에서 바로 '불행 및 결핍 요소의 청산'의 기능을 담당한 것이다.

더욱이 여주인공의 친부모, 나무꾼 부부는 이 동화의 서두문에서만 잠깐 언급된 후, 줄거리 내내 더 이상 등장하지 않는다. 즉, 그들은 여주인공을 동화에 등장시키는 역할을 수행하고, 신적 존재인 성모 마리아의 요구에 순종한 뒤, 줄거리 선상에서 사라지는 평면적인 인물이다. 동화의 인물들에게는 육체적·정신적 깊이의 차원이 없기 때문에, 그들은 꼭두각시처럼 기계적으로 행동하는 것이다. 비록 순수한 동화에서는 정신적인 갈등에 대해 아무것도 이야기하지 않으며, 단지 그것에 대해 보고하는 수준일지라도, 그림 동화 「마리아의 아이」에서는 갈등의 문제가 줄거리 성취의 핵심으로 나타난다. 다시 말해, 전래동화에서는 동화 주인공의 내면세계가 거의 직접 다루어지지 않고, 외부 세계의 사건으로 끄집어내어 묘사되는 반면에, 「마리아의 아이」에서는 여주인공의 내면세계가 그대로 정신적인 갈등으로 표출되고 있다. 대부분의 동화 인물들이 깊이를 가지고 있지 않고. 단지 표면만을 가지고 있기 때문에. 이 동화 여주인공의 심리적 갈등이 전래동화적 특징에 위반되는 것처럼 보일지라도. 커다란 동화분석 카테고리에서 보면. 동화인물들에 대한 심리적인 분석 방법도 반드시 필요한 연구 방법이라 하겠다.

동화에 대한 심리적인 분석 방법에 대해 이미 마리-루이제 폰 프란츠Marie-Louise von Franz(1915~1998)가 그녀의 『심리적인 동화』(1986)와 『동화에서 그림자와 악惡』(1985)에서. 파울 패데Paul Paede는 그의 『동화의 거울에서 병. 치료 그리고 발전』(1986)에서. 그리고 이링 페처Iring Fetscher는 그의 『누가 잠자는 숲 속의 공주를 깨웠는가?』(1976)에서 소개했다. 따라서 여기에서는 뤼티의 문체양식 이론과 프로프의 구조 이론. 더불어 심리 이론을 바탕으로 그림 동화 「마리아의 아이」를 분석하고자 시도한 것이다.

그 아이가 이제 열네 살이 되었을 때. 성모 마리아가 한번은 그 애를 가까이 불렀고 말했어요. "얘야. 나는 커다란 여행을 계획하고 있단다. 지금 하늘나라의 열세 개의 문을 열 수 있는 열쇠를 맡으렴. 그 중에 열두 개의 문을 너는 열 수 있고 그 안의 화려함을 관찰할 수 있단다. 그러나 이 작은 열쇠로 열 수 있는 열세 번째 문은 네게 금지되어 있단다. 네가 그 문을 열지 않도록 주의하렴. 그렇지 않으면 너는 불행해질 거야."

여주인공이 세 살 때 하늘로 올라가서 열네 살이 되었으니, 11년을 하늘나라에서 살았고, 이제 어엿한 소녀가 되었다. 마리아의 아이는 화려하고 물질적으로 풍부한 새로운 환경에서 새엄마에게 순종하며, 세상근심을 모르고 살았다. 하늘나라에는 열세 개의 문이 있었고, 그 문의 열쇠를 성모 마리아가 관리하고 있었다. 프로프의 등장인물들의 서른한 가지 기능들 중 첫 번째 기능인 '일시적인 부재'에 따라 성모 마리아는 여행을 가게 되었고, 마리아의 아이에게 열세 개의 열쇠가 맡겨졌는데, 열두 개의 문은 열 수 있지만, 열세 번째 문을 열지 말라는 '금지'가 부여되었다. 다시 말해, 마리아의 아이에게 허락된 열두 개의 방들과 금지된 열세 번째 방이 여주인공의 심리적 갈등을 야기하며, 엄마와 딸 사이에 미묘한 긴장감을 조성한다. 열네 살이면, 인간에게는 사춘기이다. 매우 민감하고, 호기심 많으며, 반항하고 싶은 나이이기에, 마리아의 아이는 그러한 금지를 지킬 수 없다.

숫자 '12'는 숫자 '3'과 '7'과 더불어 동화에서 즐겨 쓰는 고정된 숫자이며, 동화의 순수한 문체형식이다. 동화 이론가 페터 데트메링Peter Dettmering이 12라는 숫자는 "어떤 스스로 완료된 것과 완성된 것"을, 반면에 숫자 '13'은 "어떤 초과한 것과 부적당한 것, 동시에 매혹적인 것과 심득한 것"을 의미한다고 주장하듯이, 동화의 여주인공은 허락받은 열두 개의 문보다, 금지된 열세 번째 문에 더 많은 관심을 가지며, 그 문을 열 것인가 말 것인가

하는 심리적 갈등 속에 빠진다. 1812년의 초판에서는 여주인공의 갈등 장면이 다음과 같이 간단하게 묘사된다.

> 그 소녀는 매일 하나의 문을 열었고, 하늘나라의 집들을 보았어요. 각기 집마다 한 명의 사도가 앉아 있었고, 엄청난 광채에 둘러싸여 있었어요. 소녀는 생애 동안 그러한 호화찬란함을 본 적이 없었어요. 소녀가 열두 개의 문들을 다 열어 보았을 때, 그 금지된 문만이 아직 남아 있었어요. 오랫동안 소녀는 그녀의 호기심에 저항했어요. 그러나 마침내 그녀는 그것에 사로잡혔고, 또한 열세 번째 문을 열었어요. 그리고 문이 열렸을 때, 소녀는 불과 광채 속에 삼위일체가 앉아 있는 것을 보았어요. 그리고 하나의 새끼손가락으로 살짝 그 광채에 접촉했어요. 그러자 손가락이 완전히 금이 되었어요. 그리고 나서 소녀는 재빨리 그 문을 닫았고 도망쳤어요. 그녀의 심장이 두근거렸고 결코 다시 가라앉지 않았어요.

이와 같은 초판의 내용이 1857년의 최종판에서는 보다 더 기독교적 색채가 가미되어 다음과 같이 자세히 묘사된다.

> 날마다, 소녀는 열두 개의 집들을 편력할 때까지, 하나의 집을 열었어요. 그러나 각기 집마다 한 명의 사도가 앉아 있었고, 커다란 광채에 의해 둘러싸여 있었어요. 그리고 소녀는 그 호화찬란함에 기뻤어요. 그리고 아기 천사가 항상 그녀와 동행했고, 함께 기뻐했어요. 이제 금지된 문만이 아직 남아 있었어요. 그때

소녀는 그 뒤에 숨겨진 것을 알고 싶은. 커다란 즐거움에 사로잡혔어요. 그리고 아기 천사들에게 말했어요. "나는 완전히 그 문을 열지 않을 거야. 그리고 또한 안으로 들어가지도 않을 거야. 그러나 나는. 우리가 약간 틈새기를 통해 보기 위하여. 그 문을 열거야." "아. 안 돼요."라고 아기 천사가 말했어요. "그것은 죄예요. 성모 마리아가 그것을 금지했어요. 그리고 그것이 쉽게 당신의 불행이 될 거예요." 그러자 그 소녀는 침묵했어요. 그러나 욕망이 그녀의 마음에서 침묵하지 않았고. 오히려 본격적으로 심장을 갉고 쪼아서 그녀를 끊임없이 괴롭혔어요. 그리고 한번은 아기 천사들 모두가 밖으로 나갔을 때. 그 소녀는 생각했어요. "이제 완전히 나는 혼자이니. 안을 들여다볼 수 있어. 내가 행하는 일을 아무도 모를 거야." 소녀는 열쇠를 찾아냈고. 그것을 손에 잡았을 때. 그녀는 또한 그 열쇠를 자물쇠에 꽂았어요. 그리고 그녀가 열쇠를 쑤셔 넣었을 때. 그녀는 또한 돌렸어요. 그러자 문이 열렸어요. 그리고 그녀는 거기서 불과 광채 속에서 삼위일체가 앉아 있는 것을 보았어요. 소녀는 잠시 동안 서서 머물렀고 모든 것을 놀라서 관찰했어요. 그러고 나서 그녀는 살짝 손가락으로 광채에 접촉했어요. 그러자 손가락이 완전히 금이 되었어요. 즉시 소녀는 강력한 두려움을 느꼈고. 문을 격렬하게 탁 닫고 도망쳤어요. 두려움이 또한 다시금 수그러들려고 하지 않았어요. 소녀는 그녀가 하려던 일을 시작하길 원했어요. 그리고 심장이 하나의 일에서 끊임없이 두근거렸고 편안해지지 않았어요. 또한 금이 손가락에 묻었고 떨어지지 않았어요. 소녀는 그녀가 원했던 만큼. 씻고 문지르길 원했어요.

「마리아의 아이」의 1812년의 초판과 1857년의 최종판 사이에서 가장 두드러진 차이는 아기 천사와 여주인공과의 대화이다. 하늘나라에서 11년 동안 여주인공과 같이 놀던 아기 천사는, 성모 마리아가 여행을 떠나면서 경고한, 금지된 방을 열면 불행해질 거라는 내용을 최종판에서 반복하며, 심지어 '죄'라고 말한다. 더욱이 초판에서 허락된 열두 개의 문을 열어본 후, 금지된 열세 번째 문을 열 것인가 말 것인가 하는 갈등이 단순하게 묘사된 반면에, 최종판에서는 여주인공의 심리적 갈등이 보다 적나라하게 서술된다. 특히 혼자 있을 때, 아무도 자기 행동을 보지 않는다고 느낄 때, 인간은 더 자제하고 양심에 따라 행동해야 하건만, 마리아의 아이는 "내가 행하는 일을 아무도 모를 거야"라고 자위하며, 금지된 방의 열쇠를 돌린다. 인간과 신적 존재의 약속이 위반되며, 11년 동안 아무런 부족함 없이 하늘나라에서 호의호식하고 살았건만, 죄를 지을 수밖에 없는 인간의 한계를 종교적 차원에서 암시하는 것이다. 왜 성모 마리아는 허락된 열두 개의 방 열쇠만을 여주인공에게 주지, 금지된 열세 번째 방 열쇠를 줘서, 그녀에게 죄를 짓게 했을까? 성경에 나오는 최초의 인간 쌍, 아담과 이브가 에덴동산에서 아무런 부족함 없이 살 수 있었는데, 금지된 선악과를 따먹어 원죄를 짓고 낙원에서 추방되듯이, 마리아의 아이는 금지된 문을 열 것인가 말 것인가의 심리적 갈등 속에서 마음을 갉아먹는 호기심 때문에 결국 죄를 범하는 것이다.

그러나 여기서 더 중요하게 인식해야 하는 점은, 마리아의 아이가 절대적 존재의 금지를 위반하고 죄를 지었다는 내용보다 그 죄를 고백하지 않고 숨겼다는 점이다. 인간이 죄를 범하고, 그 죄를 회개하면 용서해 준다는 기독교 신앙이 비유적으로 숨어 있는 것이다. 여주인공이 허락된 열두 개의 방에서 12명의 사도를 보았고, 금지된 열세 번째 방에서 '삼위일체'를 보았기 때문에, 모든 기독교인들이 소망하는 신을 직접 목격한 유일한 인간이라 할 수 있다. 더욱이 선악과를 따먹고 눈이 밝아져서 벌거벗은 몸을 감추려한 아담과 이브처럼, 마리아의 아이도 삼위일체의 광채에 접촉한 손가락이 금으로 변하자, 그것을 지우기 위해 끊임없이 씻고 문지른다. 열네 살 먹은 사춘기 소녀가 금지된 방을 열어본 최초의 죄를 범한 뒤, 그 흔적을 지우려는, 그 죄를 감추려는 시도를 하는 것이다. 그러나 여주인공의 심장이 끊임없이 두근거림으로써, 양심의 가책을 느끼는 인간 본연의 모습이 나타난다. 하지만 그 죄에 대한 두려움에도 불구하고, 마리아의 아이는 신적 존재의 세 번에 걸친 질문을 모두 부인한다.

> 결코 오래지 않아, 성모 마리아가 그녀의 여행에서 돌아왔어요. 그녀는 소녀를 자기 가까이로 불렀고, 그녀에게 하늘의 열쇠를 다시 요구했어요. 그 소녀가 열쇠다발을 내밀었을 때, 성모 마리아는 그 애의 눈을 바라보며 말했어요. "너는 또한 열세 번째 문을 열지 않았지?" - "그럼요"라고 소녀는 대답했어요. 그러자

그녀는 그녀의 손을 그 아이의 가슴 위에 놓았고, 심장이 두근거리는 것을 느꼈으며, 그 애가 그녀의 명령을 위반하고 그 문을 열었다는 것을 바로 알아챘어요. 그러자 그녀는 한 번 더 말했어요. "너 확실히 그 짓을 행하지 않았지?" - "네"라고 소녀는 두 번째로 말했어요. 그때 그녀는, 하늘 불의 접촉에 의해 금으로 변한 손가락을 보았고, 그 애가 죄를 범했다는 것을 바로 알았으며, 세 번째로 말했어요. "너는 그 짓을 행하지 않았지?" - "네"라고 소녀는 세 번째 말했어요. 그러자 성모 마리아는 말했어요. "너는 내게 순종하지 않았고, 게다가 거짓말까지 했어. 너는 더 이상 하늘나라에 있을 필요가 없어."

이러한 세 번 반복되는 성모 마리아와 여주인공 간의 대화가 1812년 초판에서는 다음과 같이 두 번밖에 나타나지 않는다.

며칠 후, 그러나 성모 마리아가 그녀의 여행에서 돌아왔고, 소녀에게 하늘의 열쇠를 요구했어요. 그리고 그 애가 열쇠를 건네주었을 때, 그녀는 소녀를 응시했고 말했어요. "너는 또한 열세 번째 문을 열지 않았지?" - "그럼요"라고 소녀는 대답했어요. 그때 그녀는 그녀의 손을 그 아이의 가슴 위에 놓았어요. 심장이 두근거렸어요. 그러자 그녀는, 그 애가 그녀의 명령을 위반하고 문을 열었다는 것을 알았어요. "너 분명히 그 짓을 행하지 않았지?" - "네"라고 소녀는 아직 한 번 더 말했어요. 그때 그녀는, 그 아이가 하늘의 불을 접촉했던 황금의 손가락을 보았고, 이제 확실히 그 애가 죄를 지었다는 것을 알았으며 말했어요. "너는 내게 순종하지 않았고 거짓말을 했구나. 너는 더 이상 하늘나라에 있을 필요가 없어."

동화문학은 세 번의 반복을 편애한다. 반복은 동화의 독특한 문체 특징이며, 줄거리 전개의 정확성을 위해 사용된다. 특히 숫자 3의 법칙이 동화문학의 가장 눈에 띄는 형식 특징으로서, 빌헬름 그림에 의해 최종판에서 보다 세련되게 다듬어진 것이다. 다시 말해, 초판에서의 두 번 반복되는 성모 마리아의 질문과 여주인공의 대답이, 그대로 최종판에서도 반복되지만, 세 번째로 행하는 성모 마리아와 여주인공의 대화는 빌헬름에 의해 추가된 것이다. 무엇보다도 성모 마리아가 여주인공의 눈을 바라보면서 부정의문문으로 질문하는 점이 눈에 띈다. 아이가 세 살 때 하늘나라로 데려와, 11년 동안 계모가 되어 양육했으니, 성모 마리아가 그 아이에게 자신이 명령한 금지를 지켰을 거라는 기대하에, 부정의문문으로 질문을 던지는 것이다. 하지만, 마리아의 아이가 부정의문문에 대한 긍정의 대답으로 "그럼요"라고 대답했음에도 불구하고, 성모 마리아는 아이의 가슴에 손을 얹고 몹시 두근거리는 그 애의 심장에서 아이가 거짓말한 것을 알아챘다. 심지어 금으로 변한 손가락을 보고, 이미 마리아의 아이가 금지된 문을 열어 보았다는 것을 알았음에도 불구하고, 성모 마리아는 세 번째 질문마저도 부정의문문으로 행한다. 이러한 세 번에 걸친 여주인공의 거짓말 행위가 지크문트 프로이트Sigmund Freud(1856~1939)가 주장하는 '방어과정에서 자아 분열'

을 의미한다. 즉, 마리아의 아이는 자기 자신을 위한 감정몰입에 몰두함으로써, 거짓을 꿰뚫고 있는 신적 존재 앞에서 자기방어를 고집하는 것이다. 세 번에 걸친 죄인심문에 끝까지 부인하는 여주인공의 내부 심적인 갈등이 고집스런 거짓으로 드러나면서, 최초의 인간 쌍이 낙원에서 쫓겨나듯이, 그 아이는 하늘나라에서 추방된다. 다시금, 하늘과 땅이 하나의 공간인 일차원성이 나타나며, 그 공간이동을 무의식 세계의 상징인 잠을 통해 실현한다.

> 그래서 소녀는 깊은 잠에 빠졌고, 그녀가 깨어났을 때, 소녀는 아래 땅 위에, 황야 한가운데 누워 있었어요. 소녀는 소리치려고 했어요. 그러나 그녀는 어떤 소리도 낼 수 없었어요.

마리아의 아이는 거짓 자아와 참된 자아의 불화에서 결국 거짓 자아를 선택하고, 모든 것이 풍족하고 화려한 하늘나라의 삶을 포기한 채, 세상의 비참과 곤궁을 맛본다. 더욱이 여주인공은 언어를 상실한 채, 황야 한가운데 빽빽한 가시나무 울타리에 둘러싸인 한정된 구역에서 살아야만 한다. 그녀는 뿌리와 산딸기를 먹고, 나무의 움푹 파인 곳에서 잤으며, 추우면 나뭇잎을 덮고, 불쌍한 새끼짐승처럼 비참하게 살아간다. 하늘나라에서 입고 온 옷은 이미 너덜너덜해졌고, 다행히 그녀의 긴 머리카락이 외투처럼 그녀의 온몸을 감쌌다. 안빈낙도安貧樂道의 자연

속에서 삶으로 오해할 수도 있지만, 하늘나라의 행복한 삶을 맛보았던 여린 여주인공에게는 지상에서의 삶은 너무나 가혹한 체험이다.

> 그러나 그것은 비참한 삶이었어요. 그리고 그 소녀가, 하늘에서 너무나 아름답게 있었고, 천사들이 그녀와 함께 놀았나는 것을 생각했을 때, 소녀는 몹시 울었어요.

빌헬름 그림이 1812년의 초판에는 없던 위의 내용을 1857년의 최종판에서 첨부함으로써, 여주인공의 심적 갈등을 의도적으로 첨예화한다. 자기 자신을 방어하기 위한 자아 분열의 표현으로서, 금지된 문을 열지 않았다는 세 번의 거짓말이 사춘기 여주인공에게 하늘과 땅, 행복과 불행의 양면적 딜레마에 빠지게 한다. 발전심리학의 의미에서 사춘기 소녀 마리아의 아이는 부모에 대한 무조건적 반항을 거짓 또는 일시모면의 거짓으로 표출하며, 어머니상像의 결핍된 감정이입으로 빠지는 것이다.

선악과를 따먹은 아담이 신에 의해 답변을 요구당할 때, 이브에게 책임을 돌렸고, 또한 그 여자는 뱀에게 책임을 돌린 반면에, 마리아의 아이는 자신의 책임을 돌릴 조력자가 아무도 없다. 그러나 인간을 자신의 형상에 따라 창조한 조물주가 피조물의 행위를 몰라서 물어보지 않았듯이, 신적 존재 성모 마리아도 여주인공의 행위를 몰라서 물어보는 게 아니다. 아담과 이브가 남에게 책임을 전가할지언정, 선악과를 따먹지 않았다고 거짓말하지는 않는 반면에, 마리아의 아이는 책임을 전가하진 않지만, 세 번에 걸쳐 거짓말을 행한다. 성모 마리아는 여주인공이 자신의 죄를 회개하고 금지된 문을 열었다는 고백을 들을 때까지, 곧 자기의 죄를 인정할 때까지 마리아의 아이를 지상의 유배지에 감금하는 것이다.

2) 화해

성모 마리아는 신적 존재이자, 절대 권력의 상징이다. 그녀는 하늘에서 아래를 내려다보고, 여주인공의 일거수일투족을 감시하며, 마리아의 아이가 세상에서 비참한 삶을 체험하고, 스스로 자신의 죄를 고백할 때까지 기다린다. 마침내, 이 세상에 아무도 없이 혼자서 은둔생활을 하고 있는 여주인공에게 참회의 기회가 찾아온다. 동화의 규정된 줄거리 상황에 따라, 그 나라의 왕이 숲으로 와서 마리아의 아이를 발견하고, 그녀를 데리고 성으로 돌아가, 그녀와 결혼하는 일이 발생한다.

> 한번은, 나무들이 다시 신선한 초록으로 서 있었을 때, 그 나라의 왕이 숲에서 사냥을 했고 한 마리 노루를 추격했어요. 그리고 그 노루가 숲의 광장을 에워싸고 있는 그 덤불 안으로 도망쳤기

때문에, 그는 말에서 내려 그 덤불 사이를 헤치고 나아가며 그의 칼로 길을 뚫었어요. 그가 마침내 통과하여 들어왔을 때, 그는 나무 아래에 경이롭게 아름다운 소녀가 앉아 있는 것을 보았어요. 그녀는 거기에 앉아 있었고 그녀의 황금머리카락에 의해 발가락까지 뒤덮였어요. 그는 말없이 서 있었고, 놀라움에 가득 차서 그녀를 관찰했어요. 그러고 나서 그는 소녀에게 말을 걸고는 물었어요. "당신은 누구요? 왜 당신은 여기 황야에 앉아 있는 거요?" 그러나 대답이 없었어요. 왜냐하면 그 소녀는 그녀의 입을 열 수 없기 때문입니다. 왕은 계속해서 말했어요. "당신 나와 함께 내 성으로 가겠소?" 그러자 소녀는 단지 약간 머리를 끄덕였어요. 왕은 소녀를 그의 팔로 잡고 그의 말 위에 태웠으며 그녀와 함께 집으로 말을 타고 갔습니다. 그리고 그가 왕국에 도착했을 때, 그는 소녀에게 아름다운 옷을 입혔고 그녀에게 모든 것을 넘치게 주었습니다. 비록 그 소녀가 말을 할 수 없었을지라도, 그녀는 너무나 아름답고 사랑스러웠기 때문에, 그는 진심으로 그녀를 사랑했고, 오래 걸리지 않아 그는 그녀와 결혼했습니다.

마치 그림 동화 「가시장미공주(잠자는 숲 속의 공주)」에 등장하는 왕자가 가시나무 덤불을 통과하고 공주에게 다가가듯이, 그 나라의 왕도 울타리처럼 에워싸고 있는 덤불을 뚫고 마리아의 아이에게 다가간다. 이 장면이 1812년의 초판에서는 매우 간결하게 묘사되고 있다.

> 한번은, 그 소녀가 봄에 나무 앞에 앉아 있었을 때, 누군가 힘있게 덤불을 뚫고 들어왔어요. 그 사람은 그러나 왕이었습니다. 왕은 숲에서 사냥을 하다 길을 잃었던 거예요. 그는, 황야에 너무나 아름다운 소녀가 홀로 앉아 있는 것에 깜짝 놀랐습니다. 그리고 그녀에게 물었습니다. 그녀가 그의 성으로 함께 가길 원하는지 어떤지를. 그러나 소녀는 대답할 수 없었고, 단지 머리를 끄덕였어요. 그러자 왕은 그녀를 그의 말 위에 태웠고 집으로 데려갔습니다. 그리고 곧 그는 그녀를 너무 사랑하게 되었기 때문에, 그는 소녀를 그의 아내로 맞았습니다.

빌헬름 그림은 초판에서 부족했다고 느꼈던 부분을 최종판에서 완벽하게 수정했는데, 무엇보다도 간접화법을 직접화법으로 바꿨으며, 보다 풍부한 동기부여와 감동적인 상황 묘사에 심혈을 기울였다. 따라서 「마리아의 아이」 동화에서도 초판에서 간접화법으로 진행되는 왕과 여주인공의 대화가 최종판에서는 직접화법으로 보다 분명하고 풍부하게 묘사되며, 초판에서 덤불을 뚫고 들어가는 장면과 마리아의 아이와 결혼하는 내용이 단조롭게 서술되는 반면에, 최종판에서는 보다 상세하고 감동적으로 그 상황이 리얼하게 묘사되는 것이다. "결혼은 실제로 동화 주인공의 열망하는 목표가 아니라, 단지 모험적인 줄거리 선의 종지부이다."라는 뤼티의 말처럼, 여기서 동화 「마리아의 아이」가 끝날 수도 있겠지만, 아직 해결되지 않은 결정적인 부분이 남아 있기에, 동화는 계속 진행되어야 한다. 특히 동화 여주인공의 아름다움이 매우 극단적이다. 동화는 모든 극단적인 것을 좋아하기 때문에. 긴 금발에 뒤덮인 벌거벗은. 경이롭게 아름다운 소녀가 비록 말을 할 수 없었을지라도. 왕은 그녀를 너무 사랑하고. 마침내 아내로 맞이한다. 극단적인 아름다움이 벙어리라는 극단적인 결함을 이겨내는 것이다. 세 살 먹은 아이가 성모 마리아의 양녀가 되어 하늘나라로 올라가서 11년 동안 살다가. 죄를 범해 다시 지상으로 내려와서 홀로 사춘기를 보낸 후. 드디어 한 남자와 결혼하고 아들을 잉태한다.

거의 일 년이 지났을 때. 왕비는 한 명의 아들을 낳았습니다. 그 후 밤에. 그녀가 홀로 그녀의 침대에 누워 있었을 때. 성모 마리아가 그녀에게 나타났고 말했어요. "너는 진실을 말하고. 네가 금지된 문을 열어 보았다고 고백한다면. 나는 너의 입을 열어 주고. 네게 말을 다시 주겠어. 그러나 네가 죄 속에서 고집을 부리고 집요하게 부인한다면. 나는 너의 새로 태어난 아이를 데려갈 거야." 그러자 왕비는 완고하게 대답했어요. "아뇨. 나는 금지된 문을 열지 않았어요." 그러자 성모 마리아는 새로 태어난 아이를 그녀의 품에서 취해 함께 사라졌어요. 다음날 아침. 아이가 보이지 않자. 사람들 가운데. 왕비가 식인녀이고 그녀 자신의 아이를 잡아먹었다는 소문이 퍼졌어요. 그녀는 모든 것을 들었고 그것에 대해 아무것도 말할 수 없었어요. 그러나 왕은 그 일을 믿지 않았어요. 왜냐하면 그는 그녀를 너무 사랑했기 때문이었습니다.

부부의 결합과 그것에 뒤따르는 첫아이의 탄생이 최초의 인간 쌍(아담과 이브)의 원죄와 관련되며, 결국 인간의 타락에 의한 잉태의 고통으로 나타난다. 다시 말해, 선악과를 따먹은 아담은 목에 걸렸지만 이브는 삼켰기 때문에 모든 어머니에게 잉태의 고통이 주어지는 것이다. 그림 동화 「마리아의 아이」에서 여주인공이 아들을 낳은 날 밤에 성모 마리아가 나타나서 그 아들을 담보로, 아직 끝나지 않은 열세 번째 금지된 문에 대한 진실을 고백할 것을 요구한다. 성모 마리아는 자신의 양녀가 지상에 내려와 비참한 삶을 체험한 후, 왕을 만나 그의 아내가 되어 자식을 낳고 행복하게 사는 모습을 왜 보고 싶지 않겠는가. 그러한 성모 마리아의 화해의 조건이 금지된 문을 열었다는 여주인공의 자백이다. 단지 "내가 금지된 문을 열었어요."라고 고백만 하면, 말을 할 수 있는 능력도 되찾고 아들을 낳은 왕비로서 행복하게 살 수 있으련만, 여전히 발전과정에서 자기 분열의 갈등에 사로잡힌 마리아의 아이는 예전의 단순한 "네"라는 대답이 아니라, 보다 더 강력하게 "아뇨, 나는 금지된 문을 열지 않았어요."라고 대답한다. 이것은 이미 성인이 된 여주인공의 마음이 더욱 강퍅해진 것이고, 아들마저 데려간다고 해도 눈 깜짝하지 않고 자기부정을 고집하는 것이다.

동화문학은 세 번의 반복을 좋아하기 때문에, 정해진 동화 줄거리의 성취를 위해 아직 이러한 사건이 두 번 더 진행되어야 한다. 그래서 일 년 뒤에 왕비는 다시금 한 명의 아들을 낳았고,

첫 번째 경우와 꼭 마찬가지로 "아뇨, 나는 금지된 문을 열지 않았어요."라고 부인했으며, 결국 성모 마리아에게 둘째 아들도 빼앗긴다. 심지어 두 번씩이나 '식인녀食人女'로 간주되고 처형될 위기에 놓였을 때마다, 그녀를 너무 사랑했던 왕이 조력자로서 마리아의 아이를 구해 준다.

이제 다시 일 년 후, 왕비는 세 번째 아이로 딸을 낳는다. 이번에도 그날 밤에 성모 마리아가 나타났는데, 바로 갓난애를 데려가는 게 아니라, 여주인공을 하늘로 데려가서, 놀고 있는 왕비의 두 명의 아들들을 보여준다. 성모 마리아는 여주인공의 강팍한 마음을 누그러뜨려, 그녀의 죄를 인정할 때까지 넓은 화해의 마음으로 그녀를 설득한다.

> 성모 마리아는 말했어요. "네 마음이 아직도 풀리지 않니? 네가 금지된 문을 열어 보았다고 고백한다면, 나는 네게 너의 두 아들들을 돌려줄 거야." 그러나 왕비는 세 번째로 대답했어요. "아뇨, 나는 금지된 문을 열지 않았어요." 그러자 그녀를 성모 마리아는 다시 땅으로 내려보냈고, 또한 그녀의 세 번째 아이를 데려갔어요.

갈등의 사전적 의미가 '일이 얽히어 풀기 어렵게 된 상태'를 가리키듯이, 마리아의 아이의 극단적인 부정이 성모 마리아의 바른 길로 이끌기 위한 화해와 극단적으로 대립되어 풀기 어렵게 얽혀 있다. 절대적 권력을 가진 신적 존재가 여주인공의 갈등을 끝내기 위해 삼남매를 동원해서 양심의 가책을 유도했지만, 아직 모성애보다 자기중심적 자기방어에 사로잡힌 여주인공에겐 별 효과가 없다. 그러나 세 번째 아이마저 없어진 사건이 인간의 현세적 영역에서 여주인공을 '식인녀'로 낙인찍으며, 그녀를 화형에 처하게 한다.

> 나무가 쌓아졌어요. 그녀가 기둥에 묶였고 불이 그 주위로 타오르기 시작했을 때, 교만의 단단한 얼음이 녹았고 그녀의 마음이 참회에 의해 움직였어요. 그리고 그녀는 생각했어요. '내가 단지 아직 죽기 전에, 그 문을 열었다는 것을 고백할 수 있다면.' 그때 그녀가 큰소리로 외치라는 목소리가 그녀에게 들려왔어요. "그래요, 성모 마리아님, 내가 그 짓을 행했어요!" 그리고 즉시 하늘이 비를 뿌리기 시작했고 화염을 껐어요. 그리고 그녀 위로 하나의 빛이 갑자기 나타났고, 성모 마리아가 아래로 내려왔어요. 두 명의 아들들이 그녀 양옆에 있었고 새로 태어난 딸은 팔에 있었어요. 그녀는 다정하게 왕비에게 말했어요. "자신의 죄를 참회하고 고백하는 사람에게, 그 죄는 용서받은 거란다." 그리고 그녀에게 3명의 아이들을 건네주었고, 그녀의 혀를 풀어주었으며, 그녀의 전 생애 동안 행복을 주었어요.

"행복한 결말이 동화의 본질에 속한다."는 동화 이론가 오벤아우어Obenauer의 말처럼, 그림 동화 「마리아의 아이」는 행복동화로서 행복한 결말로 끝난다. "그래요, 성모 마리아님, 내가 그 짓을 행했어요!"라는 왕비의 고백이 강력한 압박 속에서

터져 나온 참회의 외침이며, 그녀의 갈등을 한순간에 종결짓는 자아와 초자아의 통일의 표출이다. 긴급한 상황에서 유발되는 내면의 분열에 의한 자유의지의 통일이 억지로 강요된 고백이 아니라, 마음 깊은 곳에서 우러나온 진정한 참회이기에, 성모 마리아는 화해의 표시로서 비를 뿌려서 왕비를 구원한다. "자신의 죄를 참회하고 고백하는 사람에게, 그 죄는 용서받은 서란다."라는 성모 마리아의 설교처럼, 이제 구원자와 구원받은 자는 같은 영역에서 화해를 통한 갈등극복과 위기극복을 성취하는 것이다.

지금까지 필자는 그림 동화 「마리아의 아이」를 갈등의 문제를 중심으로 분석해 보았고, 아울러 1812년의 초판과 1857년의 최종판을 비교하여 얼마나 수정・개작되었는지 고찰했으며, 어떠한 동화문학의 독특한 특징들이 나타났는지 살펴보았다. 여기에 뤼티의 문체양식 이론과 프로프의 구조 이론, 더불어 심리 이론이 활용되었고, 갈등과 화해의 문제가 심도 있게 다루어졌다.

그 결과 첫째, 그림 형제는 그들이 전해 들은 이야기를 그대로 복제한 1812년의 초판을 동시대 사람들의 요구에 따라 여러 차례 의도적으로 고쳤는데, 특히 「마리아의 아이」에서 기독교 윤리에 맞춰 경건한 내용을 첨부했고, 간접화법을 직접화법으로 바꿨으며, 풍부한 동기부여와 감동적인 상황 묘사를 절묘하게 묘사했다.

둘째, 그림 동화 「마리아의 아이」에는 다양한 동화적 특징이 나타나는데, 일차원성, 조력자의 행동영역, 불행 및 결핍 요소의 청산, 평면성, 등장인물들의 31가지 기능들, 일시적인 부재, 금지, 고정된 숫자 '12', 순수한 문체형식, 반복, 줄거리 전개의 정확성, 숫자 3의 법칙, 규정된 줄거리 상황, 결혼, 극단적인 대조, 구원자와 구원받은 자, 행복한 결말 등이 그것이다.

끝으로, 「마리아의 아이」 동화에는 심리적 문제로서 여주인공의 갈등과 성모 마리아의 화해가 심도 있게 다루어지고 있다. 특히 정신적 갈등, 사춘기, 호기심, 방어과정에서 자아 분열, 자기 자신을 위한 감정이입, 내부 심적인 갈등, 거짓 자아와 참된 자아의 불화, 거짓 또는 일시모면의 거짓, 어머니상의 결핍된 감정이입, 인간의 타락, 양심의 가책, 자아와 초자아, 참회, 갈등극복과 위기극복 등의 개념들이 조화를 이룬다.

동화적 모티브

『헨젤과 그레텔』(티타니아 출판사, 2009) 표지

그림 동화 「헨젤과 그레텔」은 1813년 1월 15일에 도르트헨 빌트에 의해 빌헬름 그림에게 전해졌다. 도르트헨 빌트는 독일 카셀의 마르 거리에서 태양약국을 경영하고 있던 약사 빌트 씨의 딸이고, 훗날 빌헬름 그림의 처가 되는 여인이다. 다시 말해 카셀 마르 거리에서 빌트 씨 집 근처에 세 들어 살고 있던 그림 형제는 이웃집 처녀인 도르트헨이 들려준 이야기를 1815년 동화모음집 『아동과 가정 동화』에 열다섯 번째로 수록한 것이다.

원래 「헨젤과 그레텔」은 이탈리아 동화작가 바실레의 「넨닐로와 넨넬라Nennillo und Nennella」라는 이야기에서 출발한다. 이 동화가 프랑스 동화작가 페로에게 영향을 미쳐 그의 「엄지동자Petit Poucet」를 탄생시켰고, 그것이 결국 그림 동화 「헨젤과 그레텔」로 완성된 것이다. 물론 그림 형제가 페로의 「엄지동자」와 같은 제목으로 그들의 동화모음집에 열두 번째로 「엄지동자Däumling」라는 동화를 썼기 때문에, 「헨젤과 그레텔」은 페로 동화의 영향은 받았지만, 등장인물 면에서는 사뭇 다르다. 다시 말해 페로와 그림 형제의 「엄지동자」는 엄지손가락만 한 크기의 남자아이를 주인공으로 그 아이의 모험담을 묘사하는 반면에, 「헨젤과 그레텔」은 엄지손가락만 한 크기의 아이가 아니라, 정상적인 크기의 아이들이 주인공이기 때문이다. 단지 바실레의 「넨닐로와 넨넬라」 동화에서는 과자와 사탕으로 만든 집이 나오고 한 마리 늑대가 그 집 안에 숨어서 아이들을 기다리며, 페로의 「엄지동자」 동화에서는 숲 속에 사람을 잡아먹는 자의 집이 나오고 그 식인귀를 엄지동자가 물리치는 이야기가 언급되기 때문에, 그러한 숲 속의 집과 식인귀의 모티브가 그림 동화 「헨젤과 그레텔」과 관련이 있는 것이다.

따라서 여기에서는 그림 동화 「헨젤과 그레텔」에 나타나는 동화적 모티브들을 연구해 보고, 그러한 모티브들이 동화 줄거리의 성취를 위해 얼마나 결정적인 역할을 하는지를 분석하고자 한다.

1) 가난과 아이를 내버림

동화 이론가 뤼티는 그의 저서 『유럽의 전래동화』에서 동화적 모티브로서 '가난'과 '아이를 내버림'에 대해 언급한다. 더 나아가 그는 '가난'과 '아이를 내버림'의 모티브와 더불어 '구애, 결혼,

고아가 됨. 홀아비(또는 과부)가 됨. 자식 없음. 형제의 불화. 형제자매의 의리. 친구의 의리. 하인의 도리'를 동화의 세속적 모티브로 간주하고. 동화 속에서 이러한 모티브들을 승화시켜 사람과 사람. 또는 사람과 짐승. 결국 사람과 환경 사이에서의 관계를 보여줌으로써. 정확한 동화 줄거리의 진행을 성취케 한다.

그림 동화 「헨젤과 그레텔」의 서두문은 바로 가난의 모티브로 시작된다.

> 커다란 숲 앞에 가난한 나무꾼이 아내와 두 명의 자식들과 함께 살고 있었어요. 사내애는 헨젤이라고 불렀고. 계집애는 그레텔이라고 불렀지요. 나무꾼은 먹을 것과 땔감을 조금밖에 가지고 있지 않았어요. 한번은 그 나라에 심한 기근이 닥쳤을 때. 그는 일용할 양식을 더 이상 마련할 수 없었어요.

동화문학은 모든 극단적인 것을 좋아하기 때문에. 동화에 등장하는 인물들도 매우 가난하거나 매우 부자이고. 매우 아름답거나 매우 추하며. 매우 착하거나 매우 악하고. 매우 부지런하거나 매우 게으르다.

따라서 그림 동화 「헨젤과 그레텔」에 등장하는 인물들도 극단적으로 가난한 자와 부유한 자로 양분된다. 주인공 헨젤과 그레텔의 아버지는 가난한 나무꾼이고. 그의 아내가 사악한 계모이며. 이야기의 중반 이후에 등장하는 아이들을 잡아먹는 마녀는 부유한 노파이다. 비단 가난한 나무꾼의 집뿐만 아니라. 나라

전체에 기근이 들었으니, '가난 구제는 나라님도 못한다.'는 속담대로, 동화문학에서 가난은 공동의 모티브이다. 특히 이 동화가 알자스 지방과 흑림 지역, 동프로이센과 슈바벤 지역 등 독일 농촌지역에 널리 퍼져 있던 이야기였기 때문에, 하루의 끼니를 집 근처 숲에서 나무를 베어서 양식으로 바꾸어 해결하는 나무꾼들에게 가난은 단순하면서도 명백한 공동의 모티브인 것이다.

그러나 동화의 주인공은 자기가 자라났던 도시나 마을을 떠나서 세상을 편력해야만 하는 방랑자이기 때문에, 헨젤과 그레텔도 아버지의 가난과 계모의 악의에 의해 집을 떠나게 된다. 물론, 이러한 집을 떠남이 주인공의 입장에서는 방랑이지만, 부모의 입장에서는 아이를 내버림의 동화 모티브의 성취이기도 하다.

> [···] 아내가 대답했어요. "우리 내일 아침 일찍 아이들을 가장 울창한 숲 속으로 데려가죠. 거기서 우리는 애들에게 불을 피워 주고, 각자에게 빵 한 조각씩을 주는 거예요. 그러고 나서 우리는 일을 시작하고, 아이들은 홀로 남겠죠. 그 애들은 다시 집으로 돌아오는 길을 발견하지 못할 거고, 우리는 애들에게서 벗어나는 거예요."

이성적으로 생각하면, 두 명의 어린아이들이 먹는 양식이 얼마나 되기에, 온 가족이 적으면 적은 대로 있는 식량을 나누어먹으면 되지 않겠는가?라고 말할 수 있지만, 가난과 아이를 내버림의 동화적 모티브에 의해 그림 동화 「헨젤과 그레텔」의 줄거리가 진행되어야만 하기 때문에, 아버지의 가난과 계모의 악의에 의해 헨젤과 그레텔은 깊은 숲 속에 버려지는 것이다. 페처는 그의 저서 『누가 잠자는 숲 속의 공주를 깨웠는가?』에서 이러한 아이를 내버림의 모티브를 계모의 사주에 의한 남편의 범죄로 규정하며, 법률적으로 두 사람이 공동으로 저지른 범죄 행위로 간주한다. 사회 철학적 관점으로 동화를 분석하고자 시도한 페처에게 전통적인 동화 내용이 진부하고 틀에 박힌 이야기로 매도될지라도, 동화의 본질이 어린이를 위한 도덕적인 이야기이기 때문에, 선과 악에 대한 고정된 가치관을 혼란시키는 일은 위험하다. 다시 말해, 본래 동화가 전하고자 하는 고정된 선입견을 타파하고자 하는, 그의 시도가 새롭게 보일지 몰라도, 잘못하면 어린아이의 가치관에 혼란을 줄 수도 있다는 점을 간과해서는 안 된다. 따라서 악한 계모의 사주에 의해 아버지가 마지못해 아이들을 숲 속에 버린다고 할지라도, 그 아버지는 동화의 마지막에서 헨젤과 그레텔이 집으로 돌아오자 누구보다도 기뻐하는 것이다.

마침내 그 애들은 멀리서 아버지의 집을 알아보았어요. 그러자 그들은 달리기 시작했고, 방으로 돌진했으며, 아버지의 목을 껴안았어요. 그 남자는 아이들을 숲에 놔두고 온 이래로, 기쁜 시간을 가지지 못했습니다.

가난에 의한 아이를 내버림의 세속적 모티브가 「헨젤과 그레텔」에서 두 번 시도되는데, 그것을 동화 이론가 프로프는 그의 저서 『동화의 형태론』에서 '가해加害'라고 명명한다. 그래서 첫 번째 가해에서는 헨젤이 지혜롭게 '하얀 자갈들'을 길 위에 뿌려서 무사히 집으로 돌아올 수 있었지만, 두 번째 가해에서는 헨젤이 뿌려 놓은 '빵 부스러기들'을 새들이 쪼아 먹어서 집으로 돌아오는 데 실패한다. 여기서 '하얀 자갈들'과 '빵 부스러기들'은 동화의 소도구로서 줄거리 전개의 정확성을 위해 사용된 것이다.

이제 규정된 줄거리 상황을 성취하기 위해, 헨젤과 그레텔은 숲 속에서 3일 동안 방랑하다가, '하얀 작은 새'에 이끌려서 과자와 사탕으로 만든 작은 집에 도달한다.

2) 과자와 사탕으로 만든 집과 마녀

그림 동화 「헨젤과 그레텔」에 등장하는 마녀는 '매우 늙은 노파'이고, 현세의 존재가 아니라 저승의 존재이다.

> 노파는 단지 친절한 척했어요. 그러나 그녀는 아이들을 숨어서 기다렸던, 그리고 아이들을 꾀어 오기 위해 과자로 만든 집을 지었던 나쁜 마녀였어요. 어떤 아이가 그녀의 손아귀로 들어오면, 그 애를 죽이고 요리해서 먹어치웠으며, 그날이 그녀에겐

생일날인 거죠. 마녀들은 붉은 눈을 가져서 멀리 볼 순 없어요. 그러나 마녀들은 짐승처럼 예민한 후각을 가지고 있어 사람들이 다가오는 것을 알아채죠.

이미 서론 부분에서도 언급했듯이, 원래 노파 대신에 늑대를 사탕으로 만든 집 안에 앉히고 아이들을 잡아먹게 하는 동화 모티브가 그림 형제에 의해 늑대 대신에 마녀의 모티브로 변형된 것이다. 그래서 마녀와 헨젤과 그레텔이 주고받는 대화가 초월적이고 마법적인 모티브로서 두운법과 쌍각운에 맞춰 진행된다.

그때 방에서 맑은 목소리가 외쳤어요.
"바삭, 바삭, 갉아먹는 소리,
누가 내 집을 갉아먹지?"
아이들이 대답했어요.
"바람, 바람이,
하늘의 아이가."

어린 아이를 유인하여 잡아먹는 마녀는 페로의 「엄지동자」에 나오는 식인귀와 동일시된다. 하지만 그림 형제는 위와 같은 시구를 삽입함으로써 한 차원 높은 문학적 도약을 시도한 것이다. 마녀가 아이들을 잡아먹기 위해 숲 속에 설치한 과자와 사탕으로 만든 집은 현실에서 존재하지 않는 초월적이고 마법적인 모티브이며, 인간의 상상력이 언젠가는 실현될 것이라는 기대하에 묘사된. 지극히 동화적인 모티브이기도 하다. 사실 오늘날 이러한 동화적 모티브를 상술에 이용하는 대형 제과점이나 놀이동산이 존재하니 말이다. 뿐만 아니라. 굶주린 헨젤과 그레텔을 이러한 과자와 사탕으로 만든 집으로 인도한 하얀 새는 마녀의 마법의 나라에 속하는 저승의 존재이며. 이미 마녀에 의해 살해된 아이들 중 하나가 변신한 것이다. 일반적으로 동화에 등장하는 새는 주인공을 도와주는 조력자의 역할을 하는데. 여기에 등장하는 작은 새는 오히려 적수를 도와주는 역할을 한다. 이미 그림 동화「요린데와 요링엘Jorinde und Joringel」에서 마녀에 의해 요린데가 한 마리 나이팅게일로 변신되었듯이. 동화의 세계 속에서 죽음을 통한 한 마리 새로의 변신이 가능하며. 그것이 마녀의 마법에 의해 행해졌기 때문에. 새로 다시 태어난 저승의 존재는 결국 적수를 도와주는 꼭두각시 역할을 할 수밖에 없다. 그러나 동화의 인물들은 깊이를 가지고 있지 않고. 단지 표면만을 가지고 있기 때문에. 개별적인 동화 인물들 사이의 관련이 표면적이며. 규정된 줄거리의 진행을 위해 각기 맡은 역할을 행하고는 서로 특별한 관계에 얽매이지 않고 줄거리 선상에서 사라진다. 그래서 작은 새도 헨젤과 그레텔을 과자와 사탕으로 만든 집으로 데려오는 역할을 행하고는 동화가 끝날 때까지 더 이상 등장하지 않는다. 다시 말해. 마녀의 마법에 의해 새가 되었지만. 마녀와의 특별한 관련 없이 그 새는 단지 정해진 줄거리의 성취를 위해 필요한 순간에 나타났다가 슬그머니 사라지는 것이다.

인간을 잡아먹는 식인귀 마녀에게도 약점이 하나 있는데, 그것은 바로 눈이 어둡다는 것이다. 맑은 목소리와 예민한 코를 가지고 아이들을 유혹하고 인지하는 마녀는 붉은 눈을 가지고 있기 때문에 멀리 볼 수 없고, 심지어 너무 늙어서 지팡이에 의지한 채 걸으며, 머리를 흔들거리기까지 한다. 하지만 마귀할멈은 음흉하게 정신이 아니라 물질로만 어린 아이들을 유혹하는 거짓 어머니이며, 헨젤과 그레텔을 따듯한 사랑이 아니라 먹을 것으로만 양육하는 계모와 동일시된다.

이른 아침, 아이들이 깨어나기 전에, 마녀는 벌써 일어났고, 두 아이들이 매우 사랑스럽게 자고 있는 것을 보자, 붉은 뺨을 불룩이 하고는, 혼자서 중얼중얼 "그것은 훌륭한 음식이 될 거야."라고 말했어요. 그때 마녀는 헨젤을 그녀의 마른 손으로 움켜잡고 작은 마구간으로 끌고 가서 격자문으로 감금했어요. 그 아이는 소리를 지르려 했지만 소용없는 짓이었어요. 그러고 나서 노파는 그레텔에게 가서 흔들어 깨우면서 "일어나라, 게으름뱅이야. 물을 길어오고, 네 오빠를 위해 좋은 음식을 만들어라. 그 애는 밖에 우리 안에 앉아 있고, 살이 찌워져야만 해. 그 녀석이 살찌워지면 내가 잡아먹을 거야."라고 외쳤어요. 그레텔은 엉엉 울기 시작했으나 모든 게 허사였고, 나쁜 마녀가 시키는 일을 행해야만 했어요.

이른 아침, 해가 뜨기도 전에 헨젤과 그레텔에게 와서 "일어나라, 게으름뱅이들아"라고 외치면서 아이들을 깨웠던 계모의 모습이, 여기서 곧 같은 행동을 반복하는 마녀의 모습과 동일시되며, 따듯한 사랑으로 감싸는 진짜 엄마와는 대조적으로 음식이라는 물질만으로 학대하는 가짜 엄마의 모습이다. 과자와 사탕으로 만든 집을 천국이라고 생각하고 모처럼 달콤한 잠에 빠져 있던 헨젤과 그레텔에게 무서운 마녀는 가해자로서 주인공을 가해하는 역할을 행하는 것이다. 실제로 물질만능주의에 빠지면 영혼과 정신은 절멸되고 만다. 배부른 돼지보다 배고픈 소크라테스가 낫다고 하듯이, 형이하학적 삶보다는 형이상학적 삶을 추구하게끔 아이들을 양육해야 하건만, 계모는 거짓 어머니로서 아이를 내버림과 동시에 가해하는 것이다.

비록 4주 동안 마녀가 가장 훌륭한 음식으로 헨젤을 살찌우도록 시도했을지라도, 헨젤은 살찐 손가락을 확인하려는 마녀에게 뼈다귀를 내밀어 눈이 어두운 그녀를 속인다. 초조해진 마녀는 더 이상 기다리지 않고 헨젤을 도살하여 잡아먹을 것을 그레텔에게 공표한다. 저승 존재로서 마녀는 사람을 잡아먹는 식인귀임에도 불구하고, 한 달 동안 인육에 굶주렸기 때문에, 더 이상 참지 못하고 아이들을 잡아먹으려는 것이다.

> 아침 일찍 그레텔은 밖으로 나가 물이 든 솥을 걸고, 불을 지펴야만 했어요. "우선 굽자구나."라고 노파는 말했어요. "내가 빵

굽는 가마에 이미 불을 피웠고 반죽을 이겨놨단다." 노파는 불쌍한 그레텔을 빵 굽는 가마로 데려갔어요. 난로에서는 이미 화염이 불똥을 튀었어요. "안으로 기어가라."고 마녀는 말했어요. "그리고 우리가 빵을 집어넣을 수 있도록 불이 제대로 피는지 살펴보아라." 그레텔이 그 안으로 들어가면, 마녀는 가마를 잠그려고 하겠죠. 그러면 그레텔은 안에서 구워져야만 하고, 마녀는 그 애를 남김없이 다 먹어치우려 하겠죠. 그러나 그레텔은 마녀가 마음먹은 일을 알아채고, "어떻게 해야 하는지 모르겠어요. 어떻게 안으로 들어가죠?"라고 말했어요. - "멍청한 년"이라고 노파는 말했어요. "입구가 충분히 크잖아. 잘 봐, 내가 몸소 안으로 들어갈 테니." 그녀는 머리를 빵 굽는 가마 속으로 집어넣고 안으로 기어 들어갔어요. 그때 그레텔은 그녀를 밀었고, 마녀는 계속해서 안으로 더 들어갔어요. 그레텔은 쇠로 된 문을 닫았고 빗장을 질렀어요. 아악! 마녀는 매우 비참하게 울부짖기 시작했어요. 그러나 그레텔은 빠져나와 달아났고, 사악한 마녀는 비참하게 타죽어야만 했어요.

한꺼번에 두 명의 아이들을 먹어치우려는 마녀의 욕심이 결국 실패하며, 비참한 화장火葬으로 끝난다. 일반적으로 동화문하에서 주인공이 위기에 처할 때, 조력자가 나타나서 과제를 해결해 주거나 불행을 청산해 주는데, 여기에서는 여주인공이 스스로 영리한 행동을 취해 구원을 성취한다. 동화의 전반부에서는 헨젤이 주인공으로서 울고 있는 그레텔을 위로하고 해설책을 모색했다면, 후반부에서는 그레텔이 자신뿐만 아니라, 우리에

갇힌 헨젤을 구해 내는 것이다. 즉, 동화의 주인공이 조력자의 역할을 겸하는 것이며, '출발-억압-구원-행복'의 규정된 줄거리의 성취를 위해 주인공은 다른 등장인물들의 역할을 떠맡을 수 있는 것이다. 그래서 주인공과 조력자가 일치하는 경우, 조력자와 증여자가 일치하는 경우, 적수와 가짜 주인공이 일치하는 경우 등 등장인물들의 상호 역할교환이 가능하며, 특히 「헨젤과 그레텔」처럼 주인공이 복수인 경우 그런 현상이 두드러진다.

3) 귀환

프로프가 주장한 등장인물들의 기능들에서 20번째 기능으로 '귀환歸還'에 대해 언급했듯이, 그림 동화 「헨젤과 그레텔」은 두 주인공의 귀환으로 줄거리를 끝맺는다. 즉, '귀환'이라는 전형적인 동화 모티브로 이 동화는 행복한 결말을 맛보며, 이승 세계에서 출발하여 저승 세계로 갔다가 다시 이승 세계로 돌아오는 윤회적 방랑을 마무리하는 것이다. 다시 말해, 헨젤과 그레텔이 아버지와 함께 살았던 집이 이승 세계에 속한다면, 마녀의 과자와 사탕으로 만든 집은 저승 세계에 속한다고 할 수 있다. 동화의 세계는 일차원의 세계이기 때문에, 이승의 존재인 헨젤과 그레텔이 자연스럽게 저승의 존재인 마녀와 교제하며, 그들 사이에

생길 수 있는 거리나 간격이 전혀 느껴지지 않는다. 동화문학에서 저승의 존재들이 인간에게 장소적으로는 멀리 있으나 정신적·경험적으로는 가까이 있기 때문에, 현세의 인물과 내세의 인물은 이승과 저승에 대한 차원의 구분이 무의미한 같은 차원에서 공존하는 것이다.

그림 동화 「헨젤과 그레텔」에서 단지 커다란 강이 이승 세계와 저승 세계의 경계를 구분 짓는데, 거기에 한 마리 '하얀 오리'가 조력자로서 그 양면적인 공간을 중개하는 역할을 한다.

그 애들이 몇 시간 동안 걸어갔을 때, 커다란 강이 그 앞에 나타났어요. "우리는 저쪽으로 건너갈 수 없어."라고 헨젤이 말했어요. "어떤 작은 다리도 보이지 않아." - "여기에는 작은 배도 다니지 않아."라고 그레텔이 대답했어요. "그러나 저기 한 마리 하얀 오리가 헤엄을 치고 있어. 내가 오리에게 부탁하면 우리가 건너는 데 도와줄 거야." 그래서 그녀는 외쳤어요.

"작은 오리야,
여기 그레텔과 헨젤이 서 있단다.
어떤 다리도 없어.
우리를 너의 하얀 등에 태워 주렴."

"새는 어머니와의 관계를 연결하며, 어머니는 새를 통해 딸의 소원을 만족시킨다."는 오벤아우어의 말처럼, 여기에 등장하는 '하얀 오리'는 헨젤과 그레텔의 죽은 친어머니와 관계를 맺고 있으며, 그 어머니의 명령에 의해 여주인공의 소원을 충족시키는 것이다. 따라서 오리는 영혼의 새로서 이승과 저승 사이에서 교량적인 역할을 하며, 조력자로서 두 주인공들을 차례차례 건네주는 것이다.

> 그러자 모든 근심은 사라졌고, 그들은 굉장한 기쁨 안에서 함께 살았어요.

지금까지 우리는 그림 동화 「헨젤과 그레텔」에 나타난 동화적 모티브들 — 가난과 아이를 내버림, 과자와 사탕으로 만든 집과 마녀, 귀환 — 을 세부적으로 분석해 보았고, 그러한 모티브들이 동화의 규정된 줄거리의 성취를 위해 얼마나 결정적인 역할을 하는지를 살펴보았다.

그 결과 첫째, 가난과 아이를 내버림의 모티브는 세속적 공동의 모티브로서 동화문학에 승화되어 묘사되었고, 그것으로서 동화의 서사적 객관성을 유지한 채 규정된 줄거리의 전개를 가능케 했다. 그래서 「헨젤과 그레텔」의 서두문이 '가난'의 모티브로 시작되었고, 계모의 악의에 의해 '아이를 내버림'의 모티브가 두 번 반복되어 묘사된 것이다.

둘째, 과자와 사탕으로 만든 집과 마녀의 초월적이고 마법적인 모티브가 바실레의 「넨닐로와 넨넬라」와 페로의 「엄지동자」의 영향 아래 그림 동화 「헨젤과 그레텔」로 수용되었고, 식인귀 마녀와 계모의 동일시, 마녀의 화장과 계모의 죽음이 도펠갱어

Doppelgänger 모티브처럼 전개된 것이다.

셋째, 헨젤과 그레텔이 집으로 돌아오는 귀환의 모티브로 이 동화는 행복한 결말로 끝난다. 인간은 자기가 태어나서 살았던 곳으로 돌아가고 싶은 원초적인 본능이 있으며, 그 고향으로 귀환할 때 굉장한 기쁨과 희열을 느끼지 않는가! 그러한 세속적 모티브를 동화문학에 승화시켜 표현함으로써 그림 동화는 단순한 어린이를 위한 읽을거리가 아니라, 한 차원 높은 문학적·교육적 지침서라는 점이 강조되는 것이다.

끝으로, 최근 국내에 외국 동화 이론서들이 번역되어 들어오면서, 검증이 되지 않은 채, 마치 그 주장이 옳은 양 잘못 소개되고 있는 실정이다. 동화문학의 르네상스를 맞이한 듯한 한국 동화문학 시장에 찬물을 끼얹고 싶은 생각은 없으나, 제대로 된 동화 이론이 호도되고, 얍삽한 시장논리에 의해 동화 이론에 굶주렸던 순수한 동화 전공자들에게 혼란을 가져올까 봐 여기서 지적하는 것이다. 여러 가지가 있지만, 하나의 예만 든다면, 전래동화는 아동문학이 아니라는 주장이다. 그것이 짐짓 그럴싸하게 들릴지 몰라도, 동화의 포괄적 개념을 스스로 폄하하는 주장이며, 반대로 창작동화만이 아동문학이냐고 되묻고 싶다. 동화라는 카테고리에 전래동화와 창작동화가 다 포함되기 때문에, 전래동화는 아동문학이 아니라는 주장은 일고의 가치도 없는 모순된 주장임을 명백히 밝힌다. 아울러 동화로 번역되는 단어의 통일이 시급한 실정이라고 부언하고 싶다.

사랑과 꿈

노발리스는 낭만주의의 대표 작가로서 스스로 "모든 시문학적인 것은 동화적이어야 한다."고 말함으로써, 동화문학을 시문학과 동등한 위치로 올려놓았다. 더 나아가 그는 동화의 세계를 꿈의 세계이자, 추상적 세계로 간주한다. 사전적 의미로 꿈은 수면 중에 착각적·환각적으로 체험하는 감상적 심상이고, 추상은 사물의 전체 표상을 구성하는 모든 특징·속성·관계 중에서 하나 또는 몇 개를 떼어내어 그것만을 본질적인 것으로 독립시켜 사고의 대상으로 삼는 분석적 정신작용이다. 이와 같은 꿈과 추상의 동화의 세계를 노발리스는 "모든 동화는 어디에나 존재하면서 아무 곳에도 존재하지 않는 고향 세계에 대한 꿈"이라고 외치면서 「히아신스와 장미꽃 동화」에서 그리며, 주인공 히아신스와 장미꽃의 사랑과, 히아신스의 꿈으로 승화시켜 묘사하는 것이다.

1) 히아신스와 장미꽃의 사랑

동화의 남자 주인공 히아신스는 매우 착하고 비범한 청년이다. 그렇게 동화의 서두문이 그를 소개한다.

> 옛날에 먼 서쪽 지방에 한 젊은이가 살았어요. 그는 매우 착하고 비범한 청년이었죠.

노발리스는 동화문학의 계승자답게 '자이스 동화'를 전래동화의 서두문 문체양식으로 시작하여, 독자로 하여금 동화문학에 대한 친근감을 갖게 한다. 또한 여기서 '옛날'은 그가 일상 동안 꿈꿔 왔던 '황금시대'를 가리키며, 그 시대를 향한 동경을 은연중에 묘사한 것이다. 특히 동화의 주인공이 살고 있는 서쪽 지방은 괴테가 『동화*Das Märchen*』(1795)에서 묘사한 비옥한 땅인 서쪽 지방과 동일시되며, 그곳은 동물과 식물과 인간이 한데 어우러진 비옥한 자연의 원시상태이다. 그곳은 인간이 동물들과 새들, 나무들과 바위들과 대화하는 초현실 세계요, 거위가 동화를 이야기하고, 시냇물이 발라드를 연주하는 동화의 세계이다.

그러한 꿈의 세계에 어울리게 노발리스는 아름다운 꽃의 이름을 따서 동화 주인공의 이름을 남자는 '히아신스'로, 여자는 '장미꽃'으로 작명한 것이다.

> 그 당시에 그녀는 장미꽃으로 불렸고, 그는 잘 생긴 히아신스로 불렸어요. (그를 그녀는) 진심으로 좋아했고, 그는 그녀를 죽도록 사랑했어요.

히아신스와 장미꽃의 사랑, 이것이 동화의 주제인 동시에 자연의 수수께끼를 푸는 열쇠이다. "사랑은 두 개인들 간의 교환작용에 의한 하나의 생산물이다."라는 노발리스의 사랑철학대로 히아신스와 장미꽃은 서로를 진심으로 사랑하고, 죽도록 사랑한다. 그렇게 죽음을 뛰어넘는 사랑을 실제로 노발리스는 열 살 연하의 약혼녀 소피Sophie von Kühn와 2년 동안 나눈다. 비록 소피가 불치의 병에 걸려 열다섯 살의 어린 나이로 세상을 떠났지만, 그 사랑의 체험은 영원히 그의 작품 속에 살아 숨쉬고 있다. 결국 사랑은 자연의 수수께끼를 푸는 열쇠로서 사랑하는 인간의 마음속에 영원히 존재하는 것이다.

「히아신스와 장미꽃 동화」에서 사랑은 순환적인 길을 보여준다. 즉, 처음에 자연 속에서 성취한 히아신스와 장미꽃의 사랑이 낯선 노인에 의해 여신 이지스Isis로 갔다가 마침내 다시 장미꽃에게 돌아온다. 히아신스는 장미꽃을 죽도록 사랑하기에 자연이 그에게 속삭이는 말을 엿듣는다. 사랑과 자연의 관계에서 히아신스와 장미꽃의 사랑을 인간보다 자연이 먼저 안다. 그래서 다른 아이들은 몰랐지만, 제비꽃과 집고양이가 두 사람의 사랑을 알아챘고, 제비꽃이 들려준 사랑의 비밀을 딸기가 여자 친구인 구즈베리에게 말하며, 모든 정원과 숲이 히아신스를 볼 때면 "장미꽃은 내 애인이야!"라고 외친다. 두 젊은이의 아름다운 사랑을 질투하는 듯한 자연의 외침은 결국 도마뱀의 노래에서 절정을 이룬다.

장미꽃, 착한 아이가
갑자기 눈멀게 되었구나.
엄마가 히아신스라고 생각하는구나.
그의 목을 격렬하게 부둥켜안는구나.
그러나 그녀는 낯선 얼굴을 아는구나.

그때 그녀는 놀라지 않는다고 생각하는구나.
그녀가 한 단어도 알지 못한 듯이,
항상 키스만 하고 떠나가는구나.

너무 좋아하기에 히아신스를 자기의 어머니라고 착각하는 장미꽃, 너무나 사랑하기에 말을 잊은 채 장미꽃의 입술에서 자신의 입술을 떼지 못하는 히아신스, 쌍각운으로 운을 맞춘 위의 시에서 사랑에 눈이 먼 한 쌍의 커플이 남의 눈을 의식하지 않은 채 둘만의 애정표현에 몰두하는 모습으로, 말이 필요 없이 오직 달콤한 입맞춤 가운데 서로의 존재를 느끼는 행복한 순간을 만끽한다. 노발리스가 "동화는 말하자면 시문학의 표준이다."라고 말하듯이, 시구로 묘사된 히아신스와 장미꽃의 사랑의 절정이 '자이스 동화'의 전환을 야기한다. 그렇게 시구의 마지막 행에서 히아신스가 장미꽃을 떠날 것이라는 것이 암시된다. 동물과 식물과 인간, 곧 자연과 인간이 하나가 되어 사랑의 무아경 속에 빠져버린 순간이 낙원이자, 자연의 수수께끼를 푸는 열쇠이다. 사랑이라는 마법에 걸린 히아신스는 자연의 놀림을 오히려 즐거움으로 승화하며, 기꺼이 사랑에 내재하는 위험을 감수한다.

이 위험이 히아신스의 사랑의 대상을 장미꽃에서 다른 대상으로 옮겨 놓는다. 그 옮기는 역할을 낯선 나라에서 온 한 남자가 행한다. 이 이방인은 일명 '푸른 꽃'이라 불리는 노발리스의 『하인리히 폰 오프터딩엔』에 나오는 동굴에 사는 은둔자와 유사하다. 그가 주인공 하인리히에게 자연의 비밀에 대해 이야기하고 한 권의 책을 주듯이, 이 이방인도 히아신스에게 낯선 나라와 알지 못하는 장소 그리고 경이로운 일들에 대해 이야기하고 한 권의 책을 준다. 그는 유혹자로서 남자 주인공을 미지의 세계로 유혹하며, 끼니와 심지어 장미꽃마저 잊게 만든다. 히아신스가 낯선 남자와 3일 동안 이야기를 나누는 반면에, 장미꽃은 외롭게 혼자 지낸다. 장미꽃은 죽도록 사랑하는 여인을 내팽개치고, 이방인의 진기한 이야기에 몰두하는 히아신스를 원망하는 게 아니라, 그 원인 제공자인 낯선 남자를 늙은 마법사라고 저주한다.

그러나 이방인이 떠난 후에도 히아신스는 장미꽃에게 돌아오지 않고, 오히려 낯선 나라로의 여행을 계획한다.

> 나는 낯선 나라로 가야만 해요, 라고 그는 말했어요. 숲에 사는 기이한 노파가 내게, 어떻게 하면 건강해질 수 있는지를 이야기 해줬죠. 그 책을 그녀가 불 속으로 던져버렸어요. […] 장미꽃에게 안부 전해 주세요. […] 나는 그녀를 찾으러 가야만해요. […] 만물의 어머니, 곧 베일 쓴 동정녀가 살고 있는 곳으로.

낯선 남자가 주고 간 신비한 책에 몰입하여 불안한 지식욕에 사로잡힌 히아신스에게 숲에 사는 노파는 예언자로서 낯선 나라로 갈 것을 명령한다. 이 기이한 노파는 티크Tieck 동화 『루넨베르크』에 등장하는 비너스와 동일시되며, 동화 주인공에게 방랑을 요구하는 조력자 역할을 한다. “순수한 동화는 동시에 예언적 묘사이어야 한다.”는 노발리스의 주장처럼, 히아신스는 그곳이 어디인지는 모르지만 베일 쓴 동정녀, 곧 만물의 어머니가 살고 있는 목적지를 향해 방랑해야 하는 목적을 가지고 예언자의 지시에 따라 세상 끝까지 편력한다. 물론 히아신스는 도덕적인 운명에 따라 장미꽃 곁에 머물 수도 있었지만, 그는 동화 줄거리의 성취를 위해 계속 앞으로 나아가는 것이다.

이제 히아신스의 사랑의 대상이 장미꽃에서 베일 쓴 동정녀로 바뀐다. 이 점이 역설적이다. 왜 히아신스는 직접 장미꽃을 만나서 먼 여행에 대해 설명하지 않고, 그의 부모에게 대신 전해 줄 것을 부탁하는가? 정적인 모습으로 신비한 책에 몰두하기보다는, 동적인 행동으로 직접 낯선 나라를 경험하려는 그가 장미꽃의 면전에서 이별을 고하기가 어려웠을까? 더욱이 사랑하는 이와 이별의 순간을 직접 재현하기보다는 뭔지 모를 미지의 힘에 이끌려 히아신스가 방랑하기 때문일까? 그래서 또한 장미꽃도 흔히 볼 수 있는 울며불며 매달리는 모습보다는 조용히 골방에 머물러 이별의 슬픔을 눈물로 삼킨다. 장미꽃의 히아신스에 대한 사랑이 깊고 남다르기에 동화의 전형적인 여인상답게 수동적으로 다시 돌아올 히아신스를 기대하면서, 그저 떠나는 임을 눈물로 배웅하는 것이다.

히아신스는 장미꽃에 대한 사랑을 뒤로한 채, 성스러운 여신 이지스를 찾기 위해 신비의 나라로 방랑한다. 노발리스는 히아신스가 찾으려는 거룩한 여신을 이집트 신화에 나오는 자연의 여신 이지스로 명명한다. 곧 이지스가 만물의 어머니요, 베일 쓴 동정녀가 되는 것이다. 자유분방한 감정과 공상으로 무한한 것을 동경하던 낭만주의자가 '자이스 동화'의 주인공을 그 무한한 존재인 이지스를 찾기 위해 세상 끝까지 편력하는 방랑자로 만드는 것은 당연한 일이다. 그래서 히아신스는 유한한 존재, 장미꽃을 떠나, 무한한 존재, 이지스를 찾기 위해 방랑하며, 자기 자신을 뛰어넘는 공상의 세계로 빠져든다. 히아신스는 많은 나라를 도보로 여행하면서 사람들과 동물들 그리고 나무들과 바위들에게 이지스에 대해 묻지만, 그 어디에서도 정확한 정보를 얻지 못한다. 그는 점점 더 공간과 시간 차원이 하나인 공상의 세계로 빠져들어 가지만, 그만큼 더 그의 목표로 다가감을 감지한다.

> 그에게서 저 달콤한 동경이 점점 더 높아졌고, 나뭇잎들은 점점 더 넓어지고 싱싱해졌으며, 새들과 동물들은 점점 더 큰 목소리로 즐겁게 되었고, 과일들은 더욱 향기로워졌으며, 하늘은 점점 더 어두워졌고, 공기는 점점 더 따듯해졌으며, 그의 사랑은 점점 더 뜨거워졌고, 시간은 점점 더 빨리 지나갔어요, 마치 그것이 목표 가까이에 도달한 것처럼.

동화의 도입 부분에서 히아신스와 교제하던 자연의 모습이 점층법으로 묘사되어 보다 승화된 자연으로 나타나며, 주인공의 내면세계와 외면세계 사이의 경계가 사라진 것처럼 보인다. 왜냐하면, 낭만주의자에게 눈에 보이는 외부 세계는 내부 세계의 반영이기 때문이다. 다시 말해, 모든 외적 세계가 자아의 소산이기 때문에, 이미 현실 세계를 떠나 공상 세계를 배회하는 히아신스에게는 공간이 가까우면 가까워질수록 시간도 그만큼 더 가까워지는 것이다. 이것을 클로츠Klotz는 "내부와 외부 움직임의 크레센도"라고 표현한다. 따라서 이지스가 살고 있는 공간의 개념과 히아신스가 방황하는 시간의 개념이 일치하며, 그렇게 시간은 히아신스의 목표 성취에 가까이 왔음을 암시하는 것이다.

히아신스가 사랑하는 장미꽃을 떠나 미지의 여인 이지스를 만나려는 것은 그가 일상생활을 떠나 무아지경에 빠지는 것을 의미하며, 동시에 그의 내면세계와 외면세계 사이의 경계가 없어지는 것을 의미한다. 다시 말해, 동화 주인공이 베일 쓴 동정녀가 살고 있는 장소로 보다 가까이 접근하면 할수록, 그의 황홀의 클라이맥스는 극에 달하며, 그의 모든 지각들 — 미각, 시각, 청각, 후각, 촉각 — 또한 마비된 채 오직 감정적인 흥분에 몰입하게 된다. 이것이 사랑이다. 비록 사랑의 대상이 바뀌었을지라도 사랑에 빠진 사람은 황홀한 무아지경에 빠지며, 모든 감각을 잃어버린 채 오직 그 사랑의 감정에 올인하는 것이다. 하지만 이 사랑은 동경적인 사랑이다. 즉, 히아신스와 장미꽃의 사랑이 체험적인 사랑이라면, 히아신스와 이지스의 사랑은 동경적인 사랑이라고 말할 수 있다. 히아신스는 이지스를 본 적도 만난 적도 없다. 단지 그의 책을 태워버린 숲에 사는 노파를 만난 후, 히아신스는 만물의 어머니인 이지스를 향한 동경에 사로잡힌 것이다. 바로 하인리히가 꿈속에서 푸른 꽃을 보고, 그 꽃을 얻기 위해 사랑하는 마틸데Mathilde의 곁을 떠나듯이, 히아신스는 장미꽃을 떠나 이지스에게 향하는 것이다.

서쪽 지방에서 출발한 동화 주인공의 방랑이 이제 동쪽 지방에 있는 이지스의 성전에 도달한다. 괴테의 『동화』에서 비옥한 서쪽 지방에 비해 동쪽 지방은 황무지로 묘사되듯이, 자이스 동화에서도 동쪽 지방은 거칠고 황폐한 땅이며, 태양이 작열하고 모래먼지로 뒤덮인 사막이다. 이러한 뙤약볕과 모래사막을 편력하는 히아신스에게 샘이 신선한 물을 제공한다. 여기서 샘은 물의 세계이고, 주인공에게 생명의 물을 제공한다. 더욱이 뮐러Müller가 "물은 액상의 불꽃이다."라고 주장하듯이, 그 물을 마신 히아신스는 원기를 회복하고, 이지스를 향한 그리움이 활활 타올라 목적지를 향해 전진할 수 있다. 다시 말해, 숲에 사는 노파에 의해 노인이 준 신비한 책이 불타 없어져서 히아신스가 변화되어 전진할 수 있었듯이, 샘이 준 생명의 물에 의해 정화된 주인공은 동화 줄거리의 성취를 위해 이지스에게로 다가가는 것이다. 즉, 액상의 불꽃인 물에서 과거와 미래가 함께 녹아들어, 장미꽃에 대한 사랑과 이지스에 대한 열망이 합류되어 구현되는 것이다.

그의 심장이 끝없는 동경으로 콩콩 뛰었고. 가장 달콤한 그리움이 그를 영원한 계절의 거주지로 들어오게 했어요.

마침내 히아신스는 끝없는 그리움과 달콤한 열망 가운데. 영원의 시간이 머무는 이지스의 성전에 도착한다. 영원한 시간과 영원한 공간. 곧 본질적인 공간과 시간 차원의 일치가 행복동화에 대한 예감을 야기한다. 봄. 여름. 가을. 겨울의 4계절이 함께 살고 영원히 존재하기에. 시간과 공간은 하나가 된다. 그것이 히아신스의 내부와 외부 과정의 동시성이며. 그 성취의 순간에 동화 주인공은 잠 속으로 빠져든다.

천상의 좋은 향기 속에서 그는 잠들었어요.

2) 히아신스의 꿈

히아신스는 몽상가이다. 그가 만나려는 이지스는 거룩한 여신이요. 천상의 동정녀이다. 따라서 이승의 존재가 저승의 존재를 만나는 일은 기적이며. 그것의 전제조건이 꿈이다. 꿈을 통해 히아신스는 이지스를 만날 수 있다.

왜냐하면. 그를 단지 꿈이 지성소로 이끌기 때문이에요.

이미 앞부분에서 밝힌 꿈의 사전적 의미가 수면 중에 환각적으로 체험하는 감상적 심상이기에, 동화 주인공은 잠을 통해 현실이 꿈이 되고, 꿈이 현실이 되는 미적 자아를 체험한다. 깨어 있음이 육체와 정신이 나누어진 양극의 상태라면, 잠은 육체와 정신이 하나로 혼합된 상태이다. 따라서 꿈을 통해 인간은 자연과 하나가 되며, 영적 존재인 신에게로 다가갈 수 있다.

더욱이 노발리스가 『밤의 찬가』(1800)에서 잠을 통해 꿈속에서 사랑하는 애인을 만날 수 있기를 염원하듯이, 자이스 동화에서도 그는 꿈을 통해 히아신스를 염원했던 여신 이지스와 만나게 하는 것이다. 결국 꿈의 세계인 동화 속에서 인간은 무한한 상상력을 발휘하여 공상적·환상적·비현실적인 세계를 체험하는 것이다. 이것이 무한한 상상력을 통한 세계의 낭만화이자 동화화이다.

동화 주인공이 만나길 염원하는 이지스는 여신이다. 신학적 의미로 신을 만나기 위해 대제사장이 들어가서 경배 드리는 장소가 지성소라면, 바로 히아신스는 대제사장으로서 만물의 어머니인 여신 이지스를 만나기 위해 지성소로 들어간다. 그곳은 경이롭고, 진기한 물건들로 가득한 아늑한 방이요, 매혹적인 울림과 변화무쌍한 화음이 끝없이 울려 퍼지는 무한한 세계이다. 또한 그곳은 동화 주인공이 한 번도 본적이 없지만, 그럼에도 불구하고 너무나 잘 알고 있는 훌륭한 장소요, 마지막 지상의 흔적이 사라진 성소이다. 그 거룩한 꿈의 나라에서 히아신스는 천상의 동정녀를 만나다.

> 그리고 그는 천상의 동정녀 앞에 서 있었어요. 거기서 그는 가볍고 빛나는 면사포를 들어 올렸어요. 그러자 장미꽃이 그의 두 팔에 안겼어요.

천상의 동정녀와 장미꽃의 일치. 그것이 히아신스의 꿈과 사랑 가운데 성취된다. 일반적으로 사랑하는 사람과 교제하면서도 더 좋은 파트너를 만날 수 있을지 모른다고 생각하는 뭇 남성처럼, 히아신스는 죽도록 사랑하는 장미꽃을 떠나 천상의 동정녀를 만나기 위해 세상 끝까지 편력한 후, 드디어 그 열망하던 여인을 만났는데, 그 순간 이지스가 장미꽃과 동일시되는 놀라운 광경을 체험하는 것이다.

꿈과 현실의 일치. 꿈이 현실이 되고 현실이 꿈이 되는 낭만주의적 체험을 동화 주인공은 사랑하는 여인을 품에 안을 때 맛보며, 진정한 사랑의 본질을 깨닫는다. 그래서 미지의 여인 이지스의 면사포를 들어 올리자, 친숙한 장미꽃의 얼굴이 나타나며, 천상의 동정녀로서 장미꽃이 히아신스의 사랑하는 당신임이 증명된다.

결과적으로 동화 주인공이 사랑하는 장미꽃을 떠나 열망했던 목표, 곧 만물의 어머니 이지스 여신을 찾기 위해, 세상 끝까지 편력한 이유는 진정한 사랑을 발견하기 위해서이다. 이 진정한 사랑의 발견은 바로 히아신스 자신 안에 존재하며, 꿈을 통한 무의식 세계로의 여행에서 성취된다. 그 신비한 여행의 끝에서 음악이 두 사랑스런 커플을 감싸고, 다시금 현실 세계로의 귀환으로 이끈다.

> 멀리서 음악이 사랑스러운 재회의 비밀과 연모의 흐느낌을 감싸 안았고, 모든 낯선 것들을 이러한 황홀한 장소에서 쫓아냈어요. 그 후 히아신스는 장미꽃과 함께 오랫동안 그의 기뻐하는 부모님과 친구들과 더불어 살았어요.

"동화는 한 꿈의 이미지와 같은 것이다."라는 노발리스의 말처럼, 히아신스는 꿈속에서 만난 베일 쓴 천상의 동정녀를, 음악적인 환상 가운데 현실의 애인 장미꽃과 동일시하며, 그녀와 함께 고향으로 돌아간다. 곧 일장춘몽一場春夢에서 깨어난 주인공은 먼 방랑에서 돌아와 사랑하는 애인과 함께 부모님을 모시고 신혼살림을 시작하는 것이다. 대부분의 청춘남녀의 다룬 동화들이 결혼식으로 끝나듯이, 「히아신스와 장미꽃 동화」도 두 동화 주인공들이 결혼하여 부모와 친구들과 더불어 사는 행복한 결말로 끝을 맺는다.

심지어 그 당시 사람들이 그랬듯이, 히아신스와 장미꽃도 수많은 자손들을 낳음으로써, 그 행복한 결말을 극대화하며, 황금시대가 복원된다는 것을 암시한다. '클링스오르 동화'에서 사랑의 상징인 에로스가 평화의 상징인 플레야Freya와 사랑의 입맞춤으로 결합함으로써 영원한 시대, 황금시대의 도래가 예고

되듯이, '자이스 동화'에서도 그렇게 히아신스와 장미꽃이 사랑으로 결합하여 태어난 수많은 자손들에게서 황금시대의 복원이 증명되는 것이다.

노발리스는 29세의 젊은 나이로 생을 마감했지만, 낭만주의의 대표 작가답게 주옥같은 작품들을 발표했다. 특히 그는 동화문학의 계승자로서 문학의 표준이 되는 아름다운 동화들을 썼다. 그 중에서 무엇보다도 사랑과 꿈의 의미가 함축적으로 내포되어 있는 창작동화가 「히아신스와 장미꽃 동화」이다. 일명 '자이스 동화'라고도 하는 이 동화에서 노발리스는 동화 주인공의 사랑과, 그 사랑의 확신과 결심을 꿈을 통해 보여줬다. 두 주인공의 이름인 히아신스와 장미꽃은 노발리스가 좋아하는 꽃의 이름이다. 생물학적으로 히아신스가 백합과이고, 장미꽃은 장미과이기에 백합과 장미의 사랑이야기가 곧 동화의 주제가 된다. 다시 말해, 자연 존재에 인성을 부여하여 자연의 사랑을 인간의 사랑으로 승화시킴으로써, 자연과 인간이 하나 되는 조화로운 세상, 동화의 세계를 묘사한 것이다.

그 결과 첫째, 히아신스와 장미꽃의 사랑은 순환적 사랑을 의미한다. 왜냐하면, 처음에 두 동화 주인공은 서로를 죽도록 사랑했고, 중간에 이방인 노인과 기이한 노파에 의해 히아신스가 미지의 여신 이지스를 찾기 위해 장미꽃 곁을 떠났으며, 마지막에 그는 다시금 장미꽃과 재회하기 때문이다. 낭만주의자

노발리스에게 있어서 사랑은 남녀 간의 교환 작용에 의한 생산물이기에, 히아신스와 장미꽃의 사랑을 자연의 수수께끼를 푸는 열쇠로 간주하며, 사랑의 생산물인 많은 자손을 낳게 한다. 그래서 그는 동화 주인공의 사랑을 통해 자연과 인간이 하나가 되는 사랑의 하모니를 동화의 세상에서 창조하며, 그가 꿈꿔온 영원한 시대, 황금시대로의 복귀에 대한 소망을 피력하는 것이다.

둘째, 히아신스의 꿈은 천상의 동정녀 이지스에 대한 동경적 사랑을 성취하기 위한 전제조건을 의미한다. 히아신스는 꿈을 통해 육체와 정신이 하나 되는 미적 자아를 체험하고, 영적 존재인 이지스를 만날 수 있는 지성소로 들어가며, 거기서 베일 쓴 동정녀를 만난다. 그 신비로운 만남의 순간에 그가 면사포를 들어 올리자, 곧 꿈에서 깨어나 이지스 대신에 장미꽃이 그의 두 팔에 안기는 놀라운 체험을 한다. 이것이 바로 이지스와 장미꽃의 일치이자 꿈과 현실의 일치를 의미한다. 그렇게 '자이스 동화'는 꿈이 현실이 되고 현실이 꿈이 되는 낭만주의적 체험의 묘사이고, 결국 일장춘몽의 형상과 같은 예언적 묘사이다.

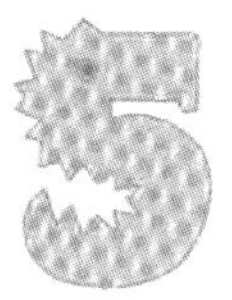

현대적 변종

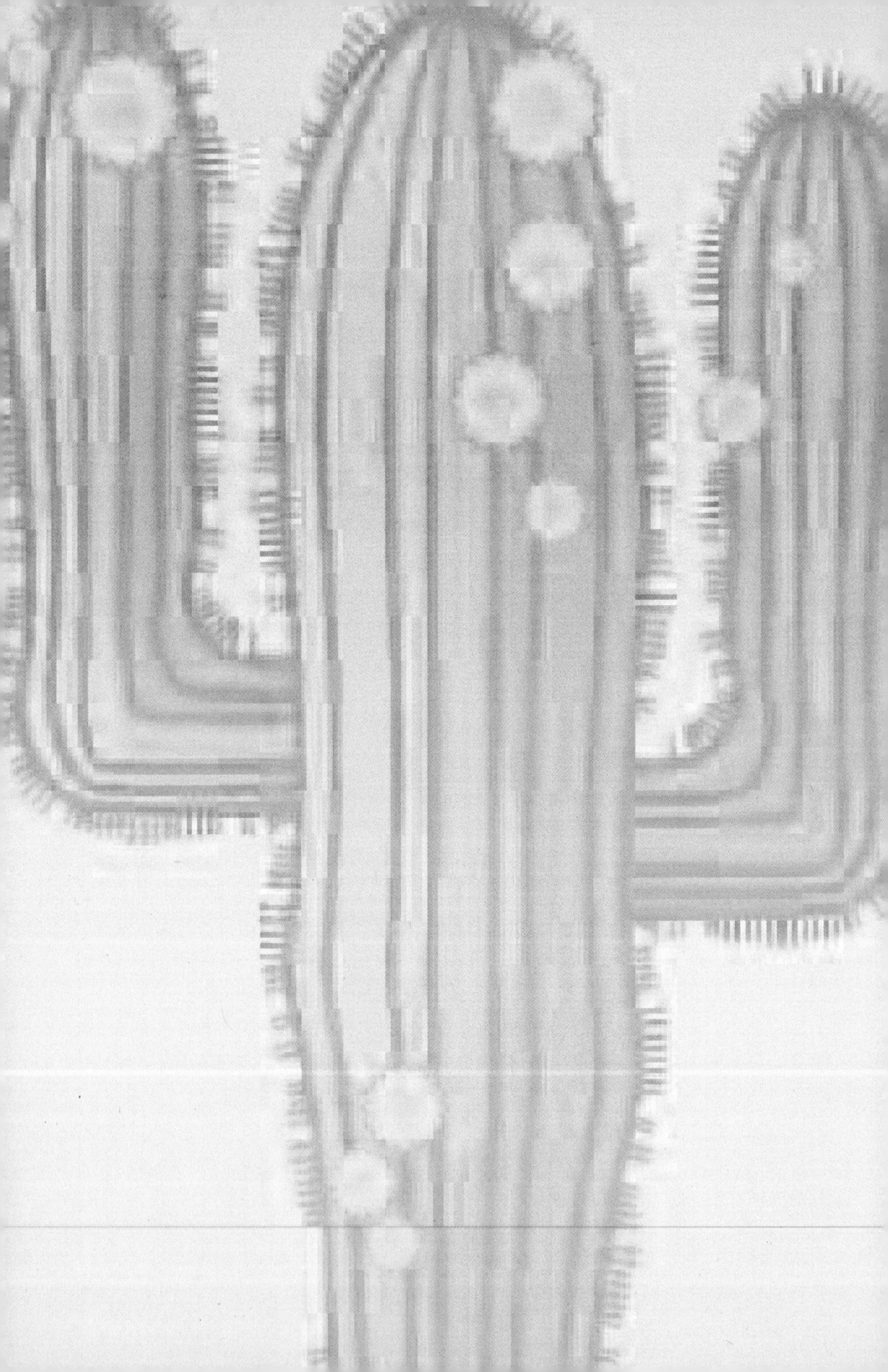

1812년에 그림 형제는 그들의 동화모음집 『아동과 가정 동화』에 다섯 번째로 「늑대와 일곱 마리 새끼 양」을 수록하여 출판했다. 이 동화의 원천에 대해 알 수는 없지만, 프랑스 위그노파 가문의 후손인 하센플루크의 딸들이 야콥 그림에게 구두로 전달했고, 그것을 야콥이 기록한 것이다. 이 하센플루크의 딸들의 이름이 아말리에와 쟌네테인데, 이들은 헤센의 마지막 선제후의 장관인 루트비히 하센플루크의 딸들이며, 나중에 빌헬름 그림의 부인이 된 도르트헨 빌트의 친구이기도 하다. 따라서 「늑대와 일곱 마리 새끼 양」은 근본적으로 프랑스에서 구전되어 온 이야기로서 그림 형제에 의해 독일어로 멋지게 가공된 것이다.

그림 동화는 그림 형제가 살았던 시대보다 오늘날 훨씬 더 많은 인기를 끌고 있다. 그림 동화뿐만 아니라 루트비히 베흐슈타인Ludwig Bechstein(1801~1860)과 한스 크리스티안 안데르센Hans Christian Andersen(1805~1875)의 동화집들이 동화의 고전으로서 전 세계 어린이들에게 꿈과 용기를, 동화작가들에겐 동화창작의

의욕을 일깨워 주었다. 특히 미하엘 엔데Michael Ende(1929~1995)의 동화와 조앤 카트린 롤링Joanne Kathleen Rowling(1965~)의 동화 판타지는 세계적 베스트셀러로서 요즘 가장 인기 있는 책이 되었으니. 가히 동화의 전성시대라고 말할 수 있다.

본 장에서는 이러한 동화의 르네상스 시대에 동화의 고전인 그림 동화 「늑대와 일곱 마리 새끼 양」이 어떻게 서정시로. 산문으로. 또 다른 동화로 현대적 변종을 야기했는지 알아보고. 진지한 동화 텍스트에서 나온 동화의 변종들이 얼마나 난센스하게 사회 · 정치적 문제들을 패러디하는지를 살펴보고자 한다.

1) 시 「동화변종」

헬무트 프라이슬러Helmut Preißler(1925~)는 그림 동화 「늑대와 일곱 마리 새끼 양」을 소재로 1960년에 「동화변종Märchenvariation」이라는 서정시를 발표했다.

늑대의 하얀 발이
아이들을 놀라게 한 게 한 번만은 아니다.
부드러운 목소리의 출처가
감춰질 수 없지.

거친 목소리를 매끄럽게 하기 위해.

매우 많은 백묵들이 필요했지.
매우 많은 밀가루가 우선
발의 피를 덮었다.
탐욕으로부터 너무 많이 소비했지.
그것이 누구를 놀라게 하나?

아하, 그 강조된 유사성이
너무 쓸데없는 노력이다.
그곳에 탐욕스럽게 문에 서서,
너희들에게 어떤 것을 가져왔단다.
라는 그의 짧은 격언을 내뱉기도 전부터
그는 이미 가증스런 사기꾼이다.

왜냐하면 어머니들과 아이들은
그 아주 오래된 동화를 알고 있기 때문이고,
두려움 없이 열려 있는 문 뒤에 구석에
서 있기 때문이다. 왜냐하면 그 방의
한가운데서 산지기가
기다리고 있기 때문이지.

이미 '동화변종'이라는 이 시의 제목에서도 알 수 있듯이, 프라이슬러는 동화를 변형시켜 시로 만들었다. 그는 그림 동화를 소재로 시를 통해 동독 사회의 정치적 문제를 패러디한 것이다. 독일은 1990년 10월 3일에 통일되었다. 그 이전에는 독일이 서독과 동독으로 나눠져 있었고, 사상과 이념이 첨예하게 대립

되어 있었다. 동독 코트부스에서 태어나 그곳에서 살고 있던 시인에게 동독의 독재자는 늑대이자 '사기꾼'이다.

그림 동화 「늑대와 일곱 마리 새끼 양」에서 늑대는 새끼 양을 잡아먹기 위해 어미 양으로 위장하는 사기꾼이다. 늑대는 어미 양이 먹이를 구하기 위해 집을 떠나자마자 새끼 양들 앞에 나타난다. 늑대는 새끼 양들에게 어미 양으로의 변장을 인정받기 위해 세 번 나타난다. 첫 번째, 늑대는 새끼 양들에게 "문 열어라, 얘들아, 너희들의 엄마가 왔다. 너희들 각자에게 어떤 것을 가져왔단다."라고 말하는데, 그의 거친 목소리 때문에 그 시도는 실패한다. 두 번째, 소매상인에게서 백묵을 구입해서 먹어 목소리를 아름답게 만든 늑대가 첫 번째 시도와 똑같이 "문 열어라, 얘들아, 너희들의 엄마가 왔다. 너희들 각자에게 어떤 것을 가져왔단다."라고 말하지만, 새끼 양들은 그의 검은 발을 보고, 문을 열어 주지 않는다. 세 번째, 검은 발을 하얀 발로 만들기 위해 늑대는 빵 제조업자에게 반죽을, 방앗간 주인에게는 하얀 밀가루를 바르게 하고는, 두 번째 시도 때보다 더 다정하게 "내게 문을 열어 주렴, 얘들아, 너희들의 사랑하는 엄마가 집에 왔단다. 그리고 너희들 각자에게 어떤 것을 숲에서 가져왔단다."라고 말한다. 하얀 발과 맑은 목소리 때문에 늑대는 새끼 양을 완전히 속이는 사기꾼 역할에 성공하는 것이다.

늑대가 시도하는 이러한 세 번의 반복이 동화의 독특한 특징이며, 동화의 일정한 줄거리의 성취를 위해 상승되어 나타난다.

다시 말해. 늑대가 새끼 양에게 말하는 단어와 문장이 첫 번째와 두 번째는 동일하게 반복되지만. 마지막 세 번째에서는 약간 상승되어 표현된 것이다. 뿐만 아니라. 늑대의 목소리를 아름답게 한 '백묵'과. 발을 하얗게 해준 '반죽'과 '밀가루'는 동화의 소도구로서 늑대에게 부여된 과제. 곧 새끼 양을 속이는 일을 해결하는 데 사용된다. 그래서 프라이슬러는 그의 시 「동화변종」의 제1연에서 '늑대의 하얀 발'에 대해. 또한 제2연에서 '거친 목소리'와 '백묵'에 대해 언급함으로써. 그림 동화의 내용을 바탕으로 독재자를 사기꾼 늑대로 패러디한 것이다.

(1) 의인화

그림 동화에서 늑대와 양이 사람처럼 말하는 의인화가 나타나듯이. 이 시에서 늑대는 그대로 늑대로 등장하는데. 양은 사람으로 나타난다. 따라서 제3연에서 늑대는 '기만된 사기꾼'으로 정체가 드러나며. 어미 양과 새끼 양은 제4연에서 '어머니와 아이들'로 묘사된다. 더욱이 그림 동화를 "아주 오래된 동화"라고 서술함으로써. 시인은 누구나 알고 있는 「늑대와 일곱 마리 새끼 양」 동화처럼. 늑대에게 사기 당하지 말고. 오히려 그 늑대를 '산지기'에 의해 잡도록 하자는 메시지를 던지는 것이다. 그러므로 「동화변종」은 그림 동화를 소재로 하여 사회·정치적 문제. 즉 독재자 문제를 난센스하게 패러디한 것이다.

2) 시 「불순종의 칭찬」

프란츠 퓌만Franz Fühmann(1922~1984)은 그림 동화 「늑대와 일곱 마리 새끼 양」을 소재로 1962년에 「불순종의 칭찬Lob des Ungehorsams」이라는 서정시를 발표했다.

그들은 일곱 마리 새끼 양들이었고
사방을 둘러볼 수 있었지만
단지 시계 상자 안으로 들어가면 안 되었지.
그것이 시계를 못 쓰게 할 수 있다고,
그 어머니는 말했었지.

여섯 마리 얌전한 새끼 양들이 있었지.
그들은 사방을 둘러보려고 했지만,
단지 시계 상자 안으로 들어가려고 하지 않았지.
그것이 시계를 못 쓰게 할 수 있다고
어머니는 말했었지.

한 마리 순종치 않는 새끼 양이 있었지.
그 양은 사방을 둘러보려고 했고,
또한 그 시계 상자 안으로 들어가려고 했지.
그러자 그 양은 엄마가 그렇게
말했듯이, 시계를 망가뜨렸지.

그러고 나서 악한 늑대가 왔지.

여섯 마리의 얌전한 새끼 양들이 있었고,
그들은 늑대가 왔을 때,
책상 아래, 침대 아래, 긴 의자 아래 숨었고,
아무도 시계 상자 안에 숨지 않았지.
그들 모두를 늑대가 잡아먹었지.

한 마리 무례한 새끼 양이 있었지.
그 양은 시계 상자 속으로 뛰어 들어갔지.
그 양은, 시계 상자가 속이 비었다는 것을 알고 있었지.
거기서 그 양을 늑대는 발견하지 못했지.
그래서 그 양은 살아남을 수 있었지.

그렇지만 어미 양은 너무도 기뻤지.

이 시에서 뤼만은 가족의 문제를 패러디한다. 부모에게 순종하는 여섯 명의 자식들과, 순종치 않는 한 명의 자식이 위급한 상황에 접했을 때, 순종한 자녀보다는 순종치 않은 자녀가 오히려 위기 상황을 극복한다는 내용을 패러디한 것이다.

그림 동화 「늑대와 일곱 마리 새끼 양」에서 일곱 마리 새끼 양들은 늑대가 집안으로 들어오자, 제각기 원하는 공간으로 몸을 숨긴다.

한 마리는 책상 밑으로 뛰어갔고, 두 번째 양은 침대 안으로,
셋째는 난로 속으로, 넷째는 부엌으로, 다섯째는 장롱 안으로,
여섯째는 세숫대야 밑으로, 일곱째는 벽시계의 상자 안으로

뛰어갔어요.

이러한 동화에서의 위급한 상황을 퓌만은 그의 시에서 그대로 재현하는데, 난센스하게 「불순종의 칭찬」이라는 제목으로 순종하는 자식보다 불순종하는 자식을 모순적으로 칭찬하는 것이다. 그래서 그림 동화에서는 언급되지 않은 내용, 곧 시의 제 1, 2, 3연에서 반복해서 묘사한 "시계 상자 안으로 들어가지 말라"는 어미 양의 금지시키는 내용이 시인의 기발한 아이디어이며, '네'라고 대답하는 다수보다는 '아니요'라고 대답하는 소수의 의견도 존중되어야 한다는 그의 인생철학이 내포되어 있는 것이다.

새끼 양들이 몸을 숨기는 '책상', '침대', '난로', '부엌', '장롱', '세숫대야' 그리고 '시계 상자'는 동화문학에서 규정된 줄거리의 성취를 위해 꼭 필요한 주어진 물건이며, 등장인물들에게 필요한 시기에, 정확한 용도로, 알맞게 사용되는 것이다. 퓌만의 시 제5연에서는 그림 동화에서 서술된 주어진 물건에는 없는 '긴 의자'가 언급되는데, 이것은 시인이 그림 동화를 그대로 베꼈다는 느낌을 벗어나려는 작은 시도라 할 수 있다. 따라서 그림 동화 「늑대와 일곱 마리 새끼 양」에서 미약한 존재인 막내 새끼 양이, 이 시에서는 '순종치 않는 새끼 양'이자 '무례한 새끼 양'으로 묘사되며, 오직 홀로 생존하여 어미 양에게 기쁨을 주는 비중 있는 존재로 다루어지는 것이다. 그러므로 「불순종의 칭찬」

은 그림 동화를 바탕으로 사회문제 중 가족의 문제를 난센스하게 패러디한 변종 시이다.

3) 동화 『양과 일곱 마리 새끼 늑대』

이링 페처(1922~)는 그림 동화 「늑대와 일곱 마리 새끼 양」을 소재로 1971년에 『양과 일곱 마리 새끼 늑대*Die Geiß und die sieben jungen Wölflein*』라는 동화를 썼다.

> 옛날에 행복하고 즐거운 늑대 가족이 있었습니다. 아빠 늑대, 엄마 늑대와 일곱 마리의 작은 늑대 새끼들이었는데, 그 새끼 늑대들은 일곱 쌍둥이로서 세상에 태어났고, 아직 혼자서 숲 안으로 들어가는 것이 금지되었습니다.

동화의 서두문을 "옛날에 … 있었다."로 시작함으로써 페처는 전형적인 전래동화의 형식으로 출발 상황을 전개한다. 동화의 출발 상황에서 동화 주인공의 가족구성원들이 소개되듯이, 페처의 동화에서도 늑대 가족에 대한 구성원들이 소개된다. 그림 동화에서는 아빠 양이 등장하지 않는 반면에, 페처 동화에서는 아빠 늑대가 등장한다. 페처는 이 아빠 늑대의 역할을 이 동화에서보다도 다음에 이어질 그림 동화에서 중요한 역할을 하기 때문에 등장시킨 것이다.

또한 그림 동화에서 일곱 마리 새끼 양들이 첫째부터 일곱째까지 순서대로 서열을 정한 반면에, 페처 동화에서는 한날한시에 태어난 '일곱 쌍둥이'로 묘사된다. 한 번 출산할 때 여러 마리를 낳는 짐승의 본질을 페처는 인간의 관점으로 이성적으로 묘사한 것이고, 그림 동화에서는 그러한 의미 없이 짐승을 인간과 같은 위치에서 묘사한 것이다. 동화의 세계는 표면적인 관련만이 존재하고, 동화의 인물들에게는 육체적 정신적 깊이의 차원이 없기 때문에, 짐승의 가족관계를 이성적으로 묘사한 페처 동화보다는, 짐승과 인간을 동일하게 묘사한 그림 동화가 더 동화적이라고 말할 수 있다.

더욱이 페처가 아빠 늑대는 일하러 가고, 엄마 늑대는 새로운 침대를 사기 위해 길을 떠나면서 새끼 늑대들에게 말하는 내용을, "동굴 밖으로 나가지 마라. […] 사냥꾼, 경찰, 군인 또는 다른 무장한 사람들, 그들은 어린 늑대들에 대해 좋지 않게 생각하고 있단다."라고 표현함으로써, 짐승과 인간을 분리시켜 표현하는 반면에, 그림 동화에서는 길 떠나는 어미 양이 단지 "너희들은 늑대에 대해 경계해야 한단다."라고 지극히 단순하게 짐승 세계만 묘사하는 것이다.

뿐만 아니라, 그림 동화에서는 늑대가 새끼 양의 집 앞에서 세 번 반복하여 문을 열어 달라고 시도하는 반면에, 페처 동화에서는 양이 새끼 늑대들이 사는 동굴입구에서 "밖으로 나오렴, 얘들아, 너희들 엄마가 돌아왔단다. 그리고 각자에게 어떤 근사한 것을 가져왔단다. 빨리 나오기만 하렴. 너희들은 또한 그것을 밝은 태양에서 잘 볼 수 있을 거야."라는 말을 두 번 반복한다. 3이라는 숫자는 동화문학에서 가장 눈에 띄는 형식 특징이고, 동화의 기본적인 문체양식이기 때문에, 두 번의 반복을 시도한 페처 동화보다 세 번의 반복을 시도한 그림 동화가 더욱 동화적인 것이다.

그러나 페처는 양이 초식동물인 점을 고려해, 그림 동화의 새끼 양들을 잡아먹는 늑대와는 다르게, 늑대 굴에서 나오는 새끼 늑대들을 단지 뿔로 치어 전나무 위에 매달아 놓는다. 페처는 늑대가 나무를 기어오르지 못하기 때문에, 누가 구해 주지 않으면, 새끼 늑대들은 그대로 햇볕에 말라죽겠지만, 조력자 "늙은 나무 오르는 곰"에 의해 그들을 구해 내게 한다. 페처는 그림 동화를 바탕으로 전래동화의 형식을 빌려 자신의 아이디어를 멋지게 동화로 창작한 것이다. 다시 말해, 그림 동화 「늑대와 일곱 마리 새끼 양」의 제목과 줄거리를 바탕으로, 페처는 『양과 일곱 마리 새끼 늑대』라는 제목을 생각해 냈고, 그 줄거리를 난센스하게 늑대를 중심으로 패러디한 것이다.

4) 단편 『늑대와 일곱 마리 새끼 양』

일제 아이힝어Ilse Aichinger(1921~)는 그림 동화 「늑대와 일곱 마리 새끼 양」을 소재로 1974년에 동일한 제목의 단편 『늑대와 일곱 마리 새끼 양』을 썼다.

> 나는 늑대이다. 나는 오래된 발자국을 따라왔다. 나는 마을 입구에서 몇몇 아이들을 만났다. 그들은 외쳤다. "악당이다, 악당이야!" 내가 웃었을 때, 그들은 놀랐고 거기서 도망쳤다. 나는 오래된 발자국을 따라왔다.

'나'라는 일인칭 시점으로 시작되는 이 단편은 일정한 줄거리 없이, 그림 동화 「늑대와 일곱 마리 새끼 양」에 등장하는 인물들을 중심으로 여러 개의 단편을 엮어 놓은 듯한 인상을 준다. 그래서 첫 번째 단편이 "나는 늑대이다."로 시작되고, 모두 열세 편의 단편들이 일인칭 시점으로 서술되고 있다. 먼저 나치시대에 그녀의 소녀시절을 보냈던 아이힝어에게 늑대는 '악당'이다. 어머니가 유태인이었기 때문에, 그녀의 가족은 나치시대에 온갖 핍박과 소외를 당했다. 그 당시 독재자를 그녀는 상징적으로 늑대로 묘사하며, 악당이라고 부른다. 뿐만 아니라, '오래된 발자국'은 비유적으로 그녀의 조상, 유태인의 뿌리를 암시하는 것이다.

두 번째 단편은 "나는 세 번째 새끼 양이다."로 시작되며, 첫 번째 새끼 양은 네 번째 단편에서야 나온다. 왜 아이힝어는 첫 번째 새끼 양보다 세 번째 새끼 양을 먼저 등장시켰을까? 그 이유는, 세 번째 딸(자식)을 선호하는 사회적 가치 때문이다. 따라서 작가는 세 번째 새끼 양을 나면서부터 허약했고, 다른 애들보다 더 오랫동안 젖을 먹었으며, 항상 난로 곁에 누워 있는, 편애를 받는 새끼 양으로 묘사한다. 여기서 '난로'는 '정화의 상징'이며, 세 번째 새끼 양은 자신의 정화를 위해 난로 속으로 숨는 것이다.

세 번째 단편에서 다섯 번째 새끼 양이 등장한다. 그 아이는 자신을 '가장 영리한 새끼 양'이라고 주장하며, 지나치게 영리했기 때문에, '숨을 곳으로 생각해 낸 것이, 숨을 곳이 아닐 수 있다는 것'을 깨닫지 못하고, '장롱' 속으로 숨는다. '자기 꾀에 자기가 넘어간다!'는 격언을 작가는 패러디한 것이다.

그림 동화에서는 늑대가 들어왔을 때, 제일 먼저 첫 번째 새끼 양이 책상 밑으로 뛰어가는데, 아이힝어의 단편에서는 첫 번째 새끼 양이 네 번째로 다뤄진다. 여류작가는 그 첫 번째 양을 어미양의 '애인'으로 묘사하며, '책상보'가 충분히 길지 못해 그를 숨기지 못한 것으로 서술한다. 작가는 동물의 세계에서 가능한 이야기를 여기서 서술하며, 원시적 인류의 삶을 비유적으로 묘사하는 것이다.

다섯 번째 단편에서 아이힝어는 '방앗간 주인'에 대해 언급한다. 그림 동화와 마찬가지로 여기서도 방앗간 주인이 "늑대가 누군가를 속이려 한다."는 것을 알고 있었지만, 늑대에게 잡아먹힐 것이 두려워 '하얀 발'을 만들어 준다. 빌헬름 그림이 이 장면을 최종판에서 "그래, 사람이 그렇지 뭐"라고 조소하듯이, 아이힝어도 불의를 알면서도 권력 앞에 굴복하는 동시대 사람들의 우유부단함을 패러디하는 것이다.

여류작가는 여섯 번째 단편에서 두 번째 새끼 양을 등장시킨다.

> 나는 두 번째 새끼 양이다. 나는 중요하지 않다. 하나 다음에 둘이 오고, 둘 다음에 셋이 온다는 것을 사람들은 안다. 나는 늑대가 왔을 때, 웃었다. 나는 곧 침대 안으로 뛰어들었다. 거기서 나는 쉽게 발견될 수 있었다. 하나 다음에 또한 셋이 올 수도 있다고, 나는 생각했다. 지금 그들이 그것을 경험한다.

사실 이 이야기가 그림 동화의 내용과 일치한다. "하나 다음에 둘이 오고, 둘 다음에 셋이 온다는 것"이 일반적인 사회현상이다. 그래서 그림 동화에서처럼 두 번째 새끼 양은 늑대가 첫 번째 양을 발견한다면, 곧 자기를 발견할 것이라고 생각하고, 웃으면서 침대 안으로 숨는다. 그러나 아이힝어는 "하나 다음에 또한 셋이 올 수도 있다."고 표현함으로써, 일반적으로 정해진 사회적 통념을 부인하고 싶은 마음을 보여준다. 즉, 그녀는 반유태인으로서 유태인에게도, 비유태인에게도 속하지 못하는, 소설 『보다 큰 희망*Die größere Hoffnung*』(1948)의 여주인공 엘렌Ellen처럼, 현실과 환상의 양극적 세계를 난센스하게 패러디한 것이다.

다시금 여류작가는 일곱 번째 단편에서 인간인 '소매상인'에 대해 언급한다. 그림 동화처럼 여기서도 소매상인은 모든 물건을 파는 상인일뿐이며, 여러 가지 상품들 가운데 단지 '백묵'을 늑대에게 판다. 죽이겠다고 위협하는 늑대에게 굴복하는 방앗간 주인과는 달리, 소매상인은 당당하게 물건을 팜으로써 올바른 거래를 하는 것이다.

이어지는 여덟 번째 단편에서 여섯 번째 새끼 양이 등장하는데, 그 아이는 숨는 장소 중 가장 열악한 '세숫대야'에 몸을 숨긴다. 작가는 그 이유를, 다른 여섯 마리의 새끼 양들이 여섯째보다 재빠르게 숨을 장소를 먼저 차지했기 때문이라고 주장한다. 그녀는 여섯 번째 새끼 양을 통해, 위기 상황에서 자기만 살기 위해 남을 배려하지 않는 이기적 세태를 비유적으로 패러디하는 것이다.

(1) 의인화

아홉 번째 단편에서 아이힝어는 무생물인 '샘'을 의인화한다.

> 나는 샘이다. 늑대들을 위한 함정이 아니다. 나는 쉽게 뒤바뀌지 않는다.

여기서 동물과 식물뿐만 아니라, 무생물까지도 말을 하는 의인화가 지극히 동화적 특징으로 나타난다. 비록 그림 동화에서 샘이 늑대가 빠져 죽는 죽음의 장소일지라도, 아이힝어는 샘이 늑대를 잡기 위한 '함정'은 아니라고 주장한다. 다시 말해, 샘은 원래 갈증을 해소하는 장소로서 그 자리에 존재하는 것이지, 늑대를 잡기 위한 덫으로서 여기에 등장하는 것은 아니란 뜻이다.

아이힝어는 열 번째 단편에서, 부엌으로 도망쳐 숨었다가 늑대에게 잡혀먹는 네 번째 새끼 양을 소개하고, 열한 번째 단편에서는 어미 양을 '일곱 명의 어머니'로 묘사하며, 열두 번째 단편에서는 '시계 상자'에 숨은 유일한 생존자, 일곱 번째 새끼 양을 다룬다. 그리고 마지막 열세 번째 단편에서 그녀는 무생물인 '큰 돌멩이'를 의인화하여 다루면서 그녀의 단편을 완성한다.

한마디로 아이힝어는 그림 동화 「늑대와 일곱 마리 새끼 양」을 소재로, 거기에 나오는 짐승과 인간과 무생물의 13명의 등장인물들을 중심으로 난센스하게 동일한 제목의 그녀의 단편을 완성하는 것이다. 즉, 아이힝어는 그림 동화를 바탕으로, 그녀가 경험한 사회적 편견과 가치, 이기적 세태와 소외, 현실과 환상의 양극성을 일인칭 시점으로 의인화하여 패러디한 것이다.

5) 시 「늑대와 일곱 마리 새끼 양」

롤프 크렌처Rolf Krenzer(1936~2007)는 그림 동화 「늑대와 일곱 마리 새끼 양」을 소재로 1975년에 동일한 제목의 시 「늑대와 일곱 마리 새끼 양」을 썼다.

엄마는 간다.
늑대는 매복해
있고,
험상궂은 얼굴을 하고 있다.
새끼 양들이 말한다. "안돼요,
우리는 당신을 들어오게 할 수 없어요.
엄마가 그것을 금지시켰어요!"
하얀 발을 가진 늑대가
늘 하던 대로 말한다.
"엄마란다!"
그래서 새끼 양들은 그에게 문을 열어주고
곧 늑대에게 잡혀 먹혔다.
커다란 비명.
모든 게 끝났다.
교훈:
늑대는 늑대일 뿐이다. 그가 또한
하얀 장갑을 낀다는 것을 생각하라.

오랫동안 정신지체 아이들의 학교에서 교장으로 근무했던 크렌처는 특히, 어린이들을 위한 수많은 시와 약 250권에 달하는 어린이 책들을 출판했다. 따라서 위의 시詩도 어린이를 대상으로 그림 동화를 바탕으로 매우 간결하고 짧은 교훈시로 작성된 것이다. 이 시는 형식에서 운각은 강약격Trochäus을 주로 사용했고, 각운은 쌍각운을 정확하게 지켰다. 시인은 연의 구분 없이 제1행에서 제14행까지 그림 동화 「늑대와 일곱 마리 새끼 양」의 내용을 묘사하며, 도덕적 교훈으로서 마지막 2행을 덧붙인다. 그는 수많은 시를 쓴 시인답게 앞에서 다룬, 형식상 불규칙한 프라이슬러와 뮈만의 시와는 달리, 독일시의 정형을 준수한 것이다.

내용적으로도 이 시는 그림 동화의 핵심 줄거리를 잘 요약하고 있다. 즉, 엄마의 외출과 늑대의 매복, 새끼 양들의 거절과 늑대의 변장, 늑대의 침입과 새끼 양들의 비명 등을 간결하게 표현하고 있다. 특히 시의 끝 부분에서 '교훈'으로서 격언적 결말을 덧붙인 것이 시인의 교육적인 의도를 피력한 것이며, 늑대가 "하얀 장갑을 낀다."는 표현으로 정신지체 아이들의 지적 수준에 맞춰 그림 동화의 세 번에 걸친, 약간 복잡한 늑대의 변신 줄거리를 간소화한 것이다. 늑대 발에 하얀 장갑, 생각만 해도 입가에 미소가 머금어지는 난센스한 패러디 아닌가! 그렇게 크렌처는 그림 동화의 「늑대와 일곱 마리 새끼 양」을 정신지체 아이들의 눈높이에 맞춰 새롭게 시로 탄생시킨 것이다.

6) 반동화 『늑대와 일곱 마리 새끼 양』

여류시인 도리스 뮈링어Doris Mühringer(1920~2009)는 그림 동화 「늑대와 일곱 마리 새끼 양」을 소재로 1976년에 같은 제목의 반동화Antimärchen 『늑대와 일곱 마리 새끼 양』을 썼다. 반동화란 삐딱한 동화를 말한다. "동화는 자신 안에 반동화를 함유한다."

는 뤼티의 주장처럼, 반동화는 겉모양은 동화인데, 속 내용은 반동화이다. 다시 말해, 반동화란 형식적으로는 동화의 독특한 특징을 고수하는 반면에, 내용적으로는 비도덕적이고 비극적인, 삐딱한 내용을 다룬다. 그래서 필자는 뮈링어의 『늑대와 일곱 마리 새끼 양』이 형식적으로는 동화의 특징을 지니고 있지만, 내용적으로는 비도덕적이고 삐딱한 줄거리를 함유하고 있기 때문에, 반동화라고 부르는 것이다.

> 한번, 늑대는 그의 부인에게 말했습니다. (그러나 여러분이 생각하는 그것, 그들의 사랑은 아닙니다. 오히려) 한번 다시 적당한 어떤 것을 배 속에 넣어야만 한다고 말했습니다. 나는 일곱 마리 새끼 양을 찾을 거야. 그래서 그는 갔고 일곱 마리 새끼 양을 탐색했습니다.

이 반동화는 그림 동화의 서두문과는 달리, 창작동화의 서두문 양식으로 시작된다. 그림 동화에서 일곱 마리 새끼 양의 어미가 동화를 시작하는 반면에, 여기서는 늑대 부부가 이야기를 이끈다. 다시 말해, 그림 동화에서는 어미 양이 먹이를 가져오기 위해 집을 떠나는 반면에, 뮈링어의 반동화에서는 남편 늑대가 먹을 것을 위해 새끼 양을 찾으러 집을 떠난다. 즉, 동화의 독특한 특징 중의 하나인 방랑의 형식을 준수함으로써 시인은 동화의 틀을 벗어나지 않은 채, 늑대를 주인공으로 이야기를 전개하는 것이다. 바로 늑대가 동화의 주인공으로서 이야기를 전개한다는 것이 일반적으로 알고 있는 동화 내용에 대한 일탈이며. 반동화적 특징이라고 말할 수 있다.

방랑자로서 늑대는 동화 주인공의 역할을 행하면서. 일곱 마리 새끼 양들을 찾기 위해 숲을 지나 초원 위로 간다.

> [⋯]. 늑대는 생각했습니다. 보통 동화에서 일어나듯이. 그렇게 지금 그 초원은 나타나야만 하고. 초원 위에 집이 서 있어야만 하지. 그리고 집 안에 일곱 마리 새끼 양들이 앙증맞게 식탁 주위에 둘러앉아 있어야만 하고. 내가 오는 것을 기다려야만 하지. 그리고 가장 어린 양이 이미 시계 상자를 탐색해야 해. 그리고 또한 그랬습니다.
>
> 그래서 길게 생각하지 않고. 늑대는. 닥치는 대로 그 집으로 들어갔습니다. (그는 목소리를 위해 백묵을 가져갔고. 발을 위해 밀가루 반죽을 가져갔습니다. 왜냐하면 그는 동화를 알고 있었기 때문입니다.) 그리고 일곱 마리 새끼 양들 중 여섯 마리를 먹어치웠습니다.

뮈링어는 이미 알고 있는 그림 동화의 줄거리를 바탕으로 그녀의 반동화를 난센스하게 패러디한다. 즉. 그녀는 "보통 동화에서 일어나듯이" 그림 동화의 줄거리를 난센스하게 축소하여. 그녀의 반동화로 재창조한다. 그래서 그녀는 늑대가 "동화를 알고 있었기 때문에". 변장의 도구인. '백묵'과 '밀가루 반죽'을 미리 준비해서. 그림 동화처럼 세 번의 반복을 거치지 않고. 새끼 양들을 잡아먹게 한다. 더욱이 여류시인은 늑대에 의해 일곱 번째 새끼 양을 시계 상자 안에 앉아 있게 하고, 의도적으로 살려주어, 어미 양에게 그동안 일어난 일을 이야기할 수 있게 함으로써, 누구나 알고 있는 그림 동화의 진부한 내용을 새롭게 패러디하는 것이다.

특히, 뮈링어는 배부른 늑대를 초원 위에 누워 잠들게 하지 않고, 바로 집으로 도망치게 한다.

> 그러나 그리고 나서 늑대는 숙고했고, 동화에서처럼 밖의 푸른 초원 위 벚나무 아래, 잠이 들어, 어미 양에 의해 배가 찢어 젖혀져, 돌로 채워지지 않기 위해, 꿰매어 붙여지지 않기 위해, 늑대는 눕지 않고, 집으로 도망쳤습니다.

여류시인은 그림 동화의 줄거리를 삐딱하게 패러디함으로써, 늑대를 주인공으로 한 그녀의 반동화를 완성한다. 여기서 '권선징악勸善懲惡'의 전래동화의 교훈적 내용이 왜곡되며, 악인惡人이 행복한 결말을 맛보는 반동화의 특징이 나타난다. 이런 의미에서 뮈링어의 이야기는 비도덕적이고, 삐딱한 반동화이며, 소위 '비주류가 주류가 될 수 있다'는 현대 사회의 가치관을 난센스하게 패러디한 것이다.

동화의 고전인 그림 동화 「늑대와 일곱 마리 새끼 양」은 현대에 와서 시와 단편, 동화와 반동화 등으로 변종되었다. 먼저 시詩로의 변종을 정리하면, 이 그림 동화를 소재로 1960년에 프라이슬러는 「동화변종」이라는 서정시를 써서, 구동독 사회의 정치적 문제를 패러디했고, 1962년에는 퀴만이 「불순종의 칭찬」이라는 서정시를 발표하여, 사회문제 중 가족의 문제를 난센스하게 패러디했으며, 1975년에 크렌처는 「늑대와 일곱 마리 새끼 양」이라는 시를 써서, 정신지체 아이들의 사회적 문제를 교육적으로 패러디했다.

한편, 페처는 1971년에 그림 동화와는 대조적으로 『양과 일곱 마리 새끼 늑대』라는 동화를 발표하여, 그의 사회 · 철학적 이상을 패러디했고, 1976년에 뮈링어는 반동화 『늑대와 일곱 마리 새끼 양』을 써서, 삐딱한 현대 사회의 가치관을 난센스하게 패러디했다.

또한, 아이힝어는 1974년에 그림 동화를 소재로 『늑대와 일곱 마리 새끼 양』이라는 단편을 발표하여, 사회적 편견과 가치, 이기적 세태와 소외, 현실과 환상의 양극성 문제 등을 일인칭 시점으로 의인화하여 패러디했다.

비단 그림 동화의 현대적 변종이 문학작품에만 국한되는 것은 아니다. 동화는 오늘날 애니메이션 · 영화 · 게임 · 연극 · 풍자화 · 슬로건 · 광고 · 삽화 · 인터넷 등 다양한 콘텐츠로 개발되어 남녀노소 누구나 동화 세계 속에서 호흡하고 있다. 하지만 필자의 관심이 문학작품에 한정되어 있기 때문에, 여기에서는 그림 동화의 현대적 변종에 대해 시 · 단편 · 동화 · 반동화 등의 범주에서 살펴보았다.

자기 극복

헤르만 헤세Hermann Hesse(1877~1962)는 1918년 제1차 세계대전이 끝나는 해에 그의 창작동화 「아이리스Iris」를 썼고, 이듬해인 1919년에 발표했다. 그의 대부분의 동화들이 전쟁 중에 생성되었고, 전쟁이 끝난 이듬해에 이 작품들을 수합하여 출판한 것이다. 4년간의 전쟁이 가져온 삶의 위기를 헤세는 내면적으로 승화시켜 동화라는 세계 속에서 극복하려고 했다. 헤세는 반전주의자이다. 평화를 사랑했던 그에게 전쟁은 인류의 적이다. 죽음, 파괴, 공포, 이별, 절망, 상실 등 전쟁이 가져다주는 모든 치명적인 개념들을 시인은 내면세계에서 극복하려고 했다. 전쟁으로 인해 세상의 고통이 높이 올라가면 올라갈수록 그만큼 그의 내면적인 고통도 더 높이 올라갔고, 실제로 그는 자발적으로 전쟁포로들을 돌보는 일에 직접 나서기도 했다.

헤르만 헤세(1877~1962)

이미 1914년 9월에 헤세는 스위스 신문을 통해 "사랑이 미움보다 더 고귀하다는 것, 이해가 노여움보다 더 고귀하다는 것, 평화가 전쟁보다 더 고귀하다는 것"을 외쳤다. 평화를 위한 그의 외침은 그러나 당시 전쟁을 지지하는 풍조가 팽배한 독일 문단에서 비난과 비방을 받았으며, 심지어 조국을 배반한 매국노로 낙인찍혔다. 전쟁의 공포가 심화될수록 그의 외부적·내부적 고독이 자라났고, 그 고독 속에서 헤세는 세상의 근심과 고통을 내면적으로 승화시켜 동화라는 문학 장르로 표출하여 위로와 평안을 얻으려고 한 것이다.

특히 헤세는 1904년에 결혼한 9년 연상의 피아니스트 마리아 베르누이Maria Bernoulli(1868~1963)와 성격차이와 심리적 갈등 그리고 아내의 정신병 등으로 1919년에 헤어지게 되는데, 이러한 개인적 인생문제를 그는 동화 「아이리스」에서 다루며, 무엇보다도 여주인공 아이리스가 그의 부인 마리아의 화신으로 묘사된 것이다. 9살 연상인 그녀에게서 헤세는 자신의 어머니의 모습을 찾았으며, 실제로 어머니의 이름도 마리아 군데르트Maria Gundert 였다. 이러한 '마리아'라는 이름의 일치가 동화에서도 그대로 적용되어 꽃 이름 '아이리스'를 그대로 여주인공의 이름으로 인용했다.

어쨌든 동화 「아이리스」는 헤세의 개인적 어려움을 내면적으로 해결하려는 문학적 시도이며, 특히 자기 극복의 문제를 주제로 하여 사랑하는 사람들의 고뇌와 번민을 정신분석학적으로 풀어 보려는 마법적 변신인 것이다.

1) 푸른 꽃

동화의 세계는 꿈의 세계이다. 낭만주의 시인 노발리스가 그의 『단편Fragmente』에서 "모든 동화는 어디에나 존재하면서 아무 곳에도 존재하지 않는 고향 세계에 대한 꿈"이라고 말했듯이, 동화는 고향 세계를 꿈처럼 묘사하는 문학이며, 순수한 내면세계를 현실처럼 표현하는 문학이다. 특히 낭만주의자들에게 동화는 그들의 환상을 실현하기에 알맞은 문학 장르로 각광을 받았고, 경이롭고 낯선 것으로서 동화는 그들의 마음을 끄는 예술이었으며, 또한 시 자체였다. 그래서 그들은 "모든 시적인 것은 동화적이어야 한다."고 외쳤으며, 동화를 통해 그들의 정서와 감정을 표현할 수 있었다. 낭만주의자들에게 있어서 동화를 쓴다는 것은 위대한 창작이며, 이상주의적인 의미에서 마법적인 행위인 것이다.

이러한 낭만주의자들의 영향을 받아 헤세는 자신의 내면세계를 수놓을 수 있는 문학 장르로서 동화를 선택했으며, 낭만주의적 요소를 바탕으로 그의 동화 「아이리스」를 썼다. 무엇보다도 헤세는 낭만주의의 대표 시인 노발리스의 영향을 받았으며, 그에 대한 연구를 이젠베르크Isenberg와 함께 편찬하여 사후에 발표된

『노발리스. 그의 삶과 죽음에 대한 문서』(1976)에서 보여준다. 헤세는 노발리스의 대표작 『하인리히 폰 오프터딩엔』(1799)과 「히아신스와 장미꽃 동화」(1798)를 바탕으로 그의 창작동화 「아이리스」를 썼다. 일명 '푸른 꽃'이라고 불리는 노발리스의 『하인리히 폰 오프터딩엔』은 낭만주의의 대표작으로서 주인공 하인리히가 푸른 꽃을 찾아 세계 끝까지 편력하는 동화의 전형적인 모티브를 줄거리로 하는 장편소설이며, 특히 제1부 9장에 나오는 '클링스오르 동화'는 이 장편소설을 비유적으로 요약한 핵심 부분이다. 낭만주의의 상징인 푸른 꽃을 헤세는 그대로 그의 「아이리스」 동화에서 여주인공의 이름, 푸른 꽃의 아이리스로 받아들였고, 「히아신스와 장미꽃 동화」의 줄거리를 보다 산문적으로 그리고 심층심리학의 지식으로 새롭게 가공하여 이야기한 것이다.

(1) 서두문

안젤름은 그의 어린 시절 봄에 푸른 정원을 뛰어다녔어요. 어머니의 꽃들 중에 하나의 꽃이 붓꽃이라고 불렸고, 그 꽃이 특별히 그의 마음에 들었어요. 그는 뺨을 그 꽃의 고귀한 푸른 잎에 대었고, 손으로 더듬으면서 그 잎의 뾰족한 끝 부분을 눌러 보았으며, 숨 쉴 때마다 커다란 경이로운 꽃향기를 냄새 맡았고, 오랫동안 그 안을 들여다보았어요. 거기 창백한 푸른색 꽃들에서 일련의 긴 손가락 모양의 노란 꽃술들이 우뚝 솟아 있었고, 그 사이에 하나의 밝은 길이 저쪽 아래 꽃받침 속으로 그리고 멀리, 꽃의 푸른 비밀 속으로 펼쳐 있었어요.

동화 「아이리스」의 서두문은 실질적인 주인공 안젤름이 어린 시절 푸른 정원에서 천진난만하게 뛰어다니는 모습에 대한 묘사로 시작된다. 전통적인 동화가 대개 "옛날에 한 사람이 있었다." 또는 "옛날에 한 남자가 살고 있었다." 등으로 시작하는 반면에, 이 동화는 진부한 전래동화의 문체양식을 벗어나 새로운 형식을 추구하려는 창작동화의 문체양식으로 서두문을 시작하는 것이다.

더욱이 어머니가 가꿔놓은 꽃들 중에서 '붓꽃'을 안젤름은 가장 좋아했는데, 이 붓꽃의 다른 이름인 '아이리스'가 이 동화의 제목이며, 또한 그가 사랑하는 여주인공의 이름인 것이다. 그 꽃은 '경이로운 꽃'이고, '푸른색의 꽃'이다. 낭만주의의 푸른 꽃이 그랬듯이, 이 꽃을 통해 안젤름은 '밝은 길'을 발견하고, '푸른 비밀 속으로' 들어가려고 한다. 그 길이 내면으로 들어가는 신비로운 길이고, '꿈같은 길'이며, '자기 발견'을 위한 마법적인 길이다.

(2) 동화의 세계

헤세는 그의 동화 주인공 이름 '안젤름'을 낭만주의 작가 호프만(1776~1822)의 동화 『황금 단지 *Der goldne Topf*』의 주인공 이름에서 가져왔다. 호프만의 환상성과 마술성이 적나라하게 드러나 있는 이 동화에서 주인공이 마술 세계에 빠져 정원에 있는 푸른색 뱀의 요정 '서펜티나Serpentina'에게 매혹 당하듯이, 헤세 동화의 주인공 안젤름은 정원에 있는 '푸른 붓꽃'에 매혹되는 것이다. 더욱이 대부분의 동화 주인공들이 그렇듯이 안젤름은 '나비'와 '새', 심지어 무생물인 '조약돌'과 이야기를 하며, '딱정벌레'와 '도마뱀'의 친구가 되기도 한다. 자연과 인간이 하나가 되는 동화의 세계 속에서 안젤름은 어린 시절을 보내며, 푸른 아이리스를 통해 현실과 이상이 일치하는 꿈의 세계에 몰두하는 것이다.

> 지상에서 모든 현상은 비유이고, 모든 비유가 하나의 열린 문이죠. 그 문을 통해 영혼이, 준비가 되어 있다면, 세계의 내부로 들어갈 수 있어요. 거기에서 너와 나 그리고 낮과 밤 모두가 하나이죠. 때때로 모든 사람들의 삶 속에서 그 길로 들어가는 열린 문이 나타나며, 언젠가는 각자에게 보이는 모든 것은 하나의 비유이고, 그 비유 뒤에 영혼과 영원한 삶이 살고 있다는 생각이 엄습합니다. 물론 적은 사람들만이 그 문을 통해 들어가며, 아름다운 겉모습을 내면의 예감된 현실을 위해 희생합니다.

본질적인 동화의 줄거리가 전개되는 세계는 우리가 살고 있는 일반적인 세계가 아니다. 동물들이 말하고, 꽃들이 노래하며, 요정들이 춤추는 마법의 나라가 동화의 나라이며, 경이로운 현상과 불가능한 사건들이 가능하게 전개되는 '영혼의 나라'가 동화의 세계인 것이다. 헤세는 그가 창조한 '상상의 세계'에서 모든 동화들의 근본 사상인 내면의 현실에 대한 생각을 바탕으로 동화 「아이리스」를 묘사하는 것이다. 그래서 헤세는 우리가 살아가는 이 세상을 '비유'로 간주하고, 인간과 자연과 시간이 하나가 되는 영혼의 세계를 꿈꾸며, 보이는 외적 아름다움보다는 보이지 않는 내면의 아름다움을 강조하는 것이다. 그것이 '영원한 삶'이요, 시인만이 소유할 수 있는 마법의 세계인 것이다.

그러나 어린 시절 푸른 꽃 아이리스를 통해 "영혼에서 영혼으로 갈 수 있는 길과 문"을 예감하고, 자기 자신이라는 유일한 중요한 일에 몰두했던 안젤름은 세월이 흐를수록 그것을 잊어버리고, 내면세계를 벗어나 평생 동안 세상일에 대한 걱정과 근심, 소망과 목표를 위해 혼잡한 미로 속에서 방황한다.

(3) 만남

안젤름은 해가 지날수록 소년에서 젊은이로 성장했고, 그가 어려서 열망했던 '비유의 세계'를 잊어버린 채 인생 속으로 뛰어들어 세상의 소망과 목표를 위해 교수가 된다. 하지만 비록 그가 원했던 대로 신사와 학자가 되었을지라도, 그는 외롭게 세상에 대한 불만족을 느끼면서 '교수가 된다는 것이 올바른 행복은 아니다'는 것을 깨닫는다.

노발리스의 「히아신스와 장미꽃 동화」에서 주인공 히아신스가 낯선 나라에서 온 노인을 만나 이야기를 듣고 그의 영향에 의해 낯선 땅으로 베일 쓴 동정녀를 찾기 위해 죽도록 사랑했던 여주인공 장미꽃 곁을 떠나는 반면에, 안젤름은 그토록 염원했던 인생의 목표에 실망한 채 세상의 한가운데에서 외로움의 나날을 보내는 중에, 친구의 여동생 아이리스를 만나는 것이다. 노발리스의 '거룩한 여신 아이시스'가 헤세에게서 '아이리스'로 변한 것이며, 히아신스가 아이시스를 찾아 세상을 편력하는 반면에, 안젤름은 친구의 집에서 아이리스를 찾은 것이다. 아이리스는 특별한 소녀였고 건강하지 못했으며, 사교모임이나 축제를 싫어했고 조용한 곳에서 세상일에 상관없이 꽃과 음악과 더불어 자기만의 행복에 잠기는 것을 좋아하는 여자였다.

안젤름은 첫눈에 아이리스가 꽤 마음에 들었고, 곧 사랑하게 된다. 그러나 경이로운 이름 '아이리스'는 안젤름이 어린 시절 그토록 사랑했던 '푸른 붓꽃'의 다른 이름이지만, 안젤름은 그것이 무엇을 기억나게 하는지를 전혀 모른다. 헤세가 그의 부인의 이름 '마리아'에서 그의 어머니의 이름 '마리아'를 찾았듯이, 어린 시절 안젤름을 사로잡았던 푸른 꽃 '아이리스'가 바로 소녀 '아이리스'로 변신하여 그의 앞에 나타난 것이다. 꽃과 인간 사이의 마법적 연결이 지극히 동화적이며, 정신분석학적인 의미에서 '여인-꽃-어머니의 관념연상'이 시인의 개인적 위기를 동화 속에서 해결하려는 시도로 간주되는 것이다.

"당신 이외에 누구를 내가 아내로 맞아들일 수 있겠소"라고 안젤름은 정중하게 아이리스에게 청혼한다. 전래동화의 특징으로서 "결혼은 실제로 동화 주인공의 열망하는 목표가 아니라, 단지 모험적인 줄거리 선상의 종지부이다."라는 동화 이론가 뤼티의 주장처럼, 이 동화에서 청혼 받은 아이리스가 안젤름과 결혼하여 해피엔딩으로 동화의 줄거리를 끝낼 수도 있지만, 헤세는 단순한 전래동화의 특징을 따라가지 않고, 청혼을 거부하고 오히려 '어려운 과제부여'를 통해 결혼하겠다는 한 차원 높은 창작동화의 특징을 보여준다.

(4) 과제부여

"나는 당신에게 하나의 과제를 부여하겠어요."라고 아이리스는 말하고 재빨리 다시 매우 진지해졌어요. [⋯] "당신은 내게 여러 차례 말했죠. 당신이 내 이름을 부를 때마다 어떤 잊힌 것이, 곧 당신에겐 일찍이 중요하고 성스러웠던 것이 기억난다고요. 안젤름, 그것은 하나의 징조예요. 그리고 그것이 당신을 수년 동안 내게 오도록 한 거예요. 나 또한, 당신이 중요한 것과 성스러운 것을 당신의 영혼에서 잃어버렸고 잊어버렸다고 생각해요. 당신이 행복을 발견하고 당신에게 정해진 목표에 도달하기 전에, 우선 다시 그것에 눈을 떠야만 해요. - 잘 있어요, 안젤름! 나는 당신과 악수를 하고 부탁하겠어요. 가서 찾으세요. 당신이 내 이름을 통해 기억나게 되는 것을, 당신의 기억 속에서 찾아내세요. 당신이 그것을 다시 찾아내는 날에, 나는 당신의 부인으로서 당신과 함께, 당신이 원하는 어떤 곳으로도 갈 것이며, 당신의 소원 이외에 어떤 다른 소원도 갖지 않을 거예요."

'내 이름이 당신에게 무엇을 기억나게 하는지 찾으라'는 과제가 독특한 동화의 특징으로서 주인공에게 부여되며, 부여된 과제를 풀기 위해 안젤름은 먼 길을 방황하게 된다. 세상의 부귀와 영화를 위해 앞만 보고 달려온 주인공에게 아이리스의 어려운 과제부여는 그를 다시금 내면의 세계로 이끌게 되며, 자기 발견을 위한 영원한 고향 세계로 인도하는 것이다.

2) 자기 발견

동화문학에서는 이승과 저승에 대한 차원의 구분이 뚜렷하지 않다. 마치 '같은 차원'인 양 동화의 주인공은 자연스럽게 저승의 인물들과 교제하며, 이승과 저승을 마음대로 넘나든다. 어린 시절 안젤름은 바로 이러한 동화의 세계 속에서 푸른 아이리스를 통해 이승과 저승을 자연스럽게 넘나들었고, 모든 것이 하나인 총체성의 영역에서 순결했던 시절을 꿈처럼 보냈다. 그곳은 어머니의 품이었고, 마음의 고향이었으며, 영혼의 안식처였다.

그러나 안젤름이 학교를 다니고, 대학을 다니고, 교수가 되었을 때, 어머니도 돌아가시고, 어린 시절 체험했던 마법의 세계는 완전히 잊혔으며, 세파에 찌든 채 불안하고 불만족스런 삶을 살아간다. 그때 '아이리스'라는 아름다운 여자를 만나 결혼하고 싶을 만큼 사랑했지만, '아이리스라는 이름이 무엇을 기억나게 하는지 찾으라.'는 과제를 부여받고 실재의 세계와 가상의 세계 사이에서 그 과제를 풀기 위해 방황하는 것이다. 사실 동화의 인물들에겐 감정의 세계가 없다. 그럼에도 불구하고 헤세가 그의 동화 주인공을 정신적 고민과 갈등에서 방황하도록 묘사한 것은 바로 전래동화가 아닌, 창작동화의 특징을 보여주기 위해서이다. 정신적 · 육체적 깊이가 없는 전래동화의 인물들과는 대조적으로 창작동화의 인물들은 육체적인 고통을 느끼고, 정신적인 근심에 대해 고민하는 반동화적 특징이 나타나는 것이다.

그는 그의 생애 동안 많은 과제들을 떠맡았고 풀었었죠. 그러나 어떤 것도 이러한 과제처럼 진기하고 중요하며 동시에 낙담시키는 것은 없었어요. 날마다 그는 이리저리 뛰어다녔고 그것을 생각해 내느라 지쳤어요. 그리고 항상 다시금 그가 절망적이고 화가 나서 이러한 모든 과제를 미친 여자의 변덕으로 책망하고 생각에 잠겨 자신으로부터 내던져 버리는 때도 있었어요. 그럴 때마다 그러나 그의 내면 깊은 곳에서 어떤 것이, 곧 매우 미묘하고 은밀한 고통과, 매우 부드럽고 거의 들을 수 없는 경고가 반항했죠. 그 자신의 가슴 안에 있던 이러한 가냘픈 목소리는 아이리스가 옳다고 했고, 그녀와 똑같은 요구를 해왔어요. 단지 이러한 과제가 박식한 그 남자에게 너무나 어려웠던 것이죠.

(1) 과제해결의 길

사랑하는 여인의 과제를 '미친년의 변덕'으로 간주하고 더 이상 그 과제를 풀고 싶지 않은 안젤름에게 '내면 깊은 곳에서' 우러나오는 '고통'과 '경고'가 촉매제가 되어 그를 이미 잊어버린 내면으로의 길로 나아가게 한다. 세상에 대한 지식이 많으면 많을수록 내면세계로 들어가는 길은 그만큼 더 어려운 것이며. 그럼에도 불구하고 정해진 동화 줄거리의 성취를 위해 안젤름은 '가냘픈 목소리'에 의지하여 과제해결의 실마리를 풀어나가야만 하는 것이다. 그래서 그는 오래전에 잊어버렸던 기억을 더듬어야만 했고. 아침안개보다 더 불확실한 것을 붙잡아서 아이리스에게 가져다주어야만 했다.

더욱이 안젤름이 아이리스의 이름을 수십 번 속삭이자. 그의 내면에서 무엇인가가 움직이는 것이 느껴졌다. 어머니의 모습. 소년시절. 대학시절 등 지금까지의 인생 파노라마가 주마등처럼 고통스럽게 그의 뇌리를 스쳐 지나갔고. 그 중요한 추억들을 그는 글로 쓰기 시작했다. "그것이 인생인가? 이것이 전부란 말인가?"라고 인생의 허무함을 한탄하면서 안젤름은 지나온 발자취에 격렬한 웃음을 터뜨렸다. 하지만 아이리스의 과제를 해결하기 위해 일 년 이상의 시간이 지났음에도. 안젤름은 여전히 '아이리스라는 이름이 자기에게 무엇을 의미하는지' 알 수 없었다. 그는 기인으로 불렸고. 무엇보다도 고향에 대한 기억을 끄집어내려고 애썼으며, 어머니가 만들어 놓은 어린 시절 그 정원에 서 있는 꿈을 꾸었다. 바로 안젤름의 고향으로 가는 길이 어머니에게로 가는 길을 의미하며, 어린 시절 경험한 푸른 꽃의 비밀을 풀 수 있는 과제해결의 길인 것이다.

그때에 안젤름에게 아이리스의 오빠가 찾아와서 "그녀가 죽을 것 같다."고 말한다. 전통적인 동화의 줄거리라면, 안셀름이 아이리스의 과제를 해결하고 아이리스를 다시 만나, 그녀와 결혼하는 행복한 결말을 가져와야겠지만, 헤세는 창작동화로서 이 동화를 그러한 줄거리로 끝내지 않고, 여주인공을 죽음에 내맡기며, 주인공 혼자서 과제해결 및 자기 극복의 길로 나아가게 하는 것이다. 죽어가는 아이리스는 그녀가 키우던 '푸른 붓꽃'을 안젤름에게 주면서 마지막 유언을 한다.

> "자, 내 꽃, 아이리스를 가지세요. 그리고 나를 잊지 마세요. 나를 찾으세요. 아이리스를 찾으세요. 그러면 당신은 내게 오게 될 거예요."

꽃과 음악을 좋아했던 여인, 마지막까지 안젤름을 사랑했던 여인, 그 여인의 유언에 따라 안젤름은 못 이룬 아이리스의 과제를 해결해야만 한다. 사랑하는 여인의 죽음이 그에게는 슬픔 그 자체였으며, 삶의 포기를 의미했다. 그러나 안젤름에게는 꿈이 있었고, 아이리스에 대한 사랑이 남아 있었다. 더욱이 눈 속에 핀 한 송이 고독한 아이리스를 통해 안젤름은 '어린 시절의 꿈'을 다시 떠올렸고, '꽃의 비밀과 심장'으로 들어가는 '밝은 푸른색의 길'을 발견한다. 결국 아이리스의 유언 "나를 찾으세요, 아이리스를 찾으세요."에 따라 안젤름은 무의식과 잠재의식의 세계인 꿈의 세계로 들어가며, 어린 시절 푸른 꽃 아이리스를 통해 빠져들었던 내면세계로 들어가는 것이다.

(2) 꿈의 세계 — 마음의 고향

일명 '푸른 꽃' 『하인리히 폰 오프터딩엔』에서 하인리히가 아름다운 마틸데와의 사랑을 바탕으로 위대한 시인으로 거듭날 수 있었듯이, 안젤름은 사랑하는 여인의 유언에 의해 삶의 '표상'이 아닌 삶의 '본질'을 깨닫는 것이다. 따라서 안젤름이 아이리스를 통해 내면세계에 몰두하는 것이 인생의 본질을 깨닫게 하는 자기 발견의 길이며, 천년에 한 번 열리는 '영혼의 문'으로 들어갈 수 있는 초월적 상태인 것이다. 그러므로 헤세는 동화라는 '추상적 세계'에서 자아의 본질을 탐구케 함으로써 제1차 세계대전의 소용돌이에 빠져 허우적거리는 유럽인들에게 자의식과 자성自省에 대해 경고하며, 내면세계로의 침잠을 통한 자기 극복을 외치는 것이다.

이제 안젤름은 죽은 아이리스의 목소리를 닮은 아름다운 새를 따라 숲 속 깊은 곳으로 들어간다. 이 새는 전형적인 동화의 조력자 역할인 '주인공의 공간중개'를 통해 주인공이 과제해결을 하도록 도와주며, 길 안내자 역할을 하고는 시야에서 사라진다. 하지만 주인공의 마음속에는 새의 아름다운 노랫소리가 계속 남아 있었고, 그를 영혼의 문의 입구인 '바위벽'으로 인도한다. 이것이 추상적인 동화의 세계이고, 신비로운 마법의 세계이며, 초월적인 꿈의 세계인 것이다.

헤세는 그 자신의 영혼 세계에 대한 탐닉의 열매로서 동화 「아이리스」를 쓴 것이며, 어린 시절에 체험한 인간과 동물, 식물과 광물의 커다란 조화를 여기에서 다시 발견하도록 시도한 것이다. 따라서 시인은 외부적인 것을 내부적인 것으로 끌어들여 자아의 세계에서 보다 높은 인간성으로의 발전을 위한 가능성을 찾으려고 했고, 그 결실로서 자기 극복의 문제를 동화문학에서 해결하려고 한 것이다. 그러므로 헤세의 동화는 '내면세계의 획득에 대한 동화'이며, '자아의 속죄'를 통한 자기 발견에 대한 이야기이다.

> 그리고 또한 그가 어린 아이였을 때 꾸었던, 꽃받침 속으로 걸어 들어가는, 그의 꿈이 거기 다시 있었어요. 그리고 그 뒤로 표상의 모든 세계가 함께 미끄러져 들어왔고, 모든 표상의 뒤에 놓여 있는 비밀 속으로 가라앉았어요. 안젤름은 나지막이 노래 부르기 시작했고, 그의 길이 조용히 고향을 향해 가라앉았어요.

「히아신스와 장미꽃 동화」의 마지막 장면에서 히아신스가 천상의 처녀를 만나 그녀의 면사포를 들어 올리자 여주인공

장미꽃이 그의 팔에 안겼을 때 "음악이 사랑스런 재회의 비밀을 감쌌듯이". 「아이리스」의 마지막 장면에서도 안젤름이 노래를 부르면서 아이리스가 있는 영혼의 고향으로 들어가는 것이다. 자기 고향을 그리워하지 않는 사람은 아무도 없다. 특히 어린 시절 아름다운 추억을 고향에서 만든 사람은 그 그리움이 더하리라. 헤세는 안젤름의 고향을 그의 내면세계로 보았다. 어린 시절 푸른 정원을 뛰어다니면서 푸른 꽃 아이리스를 관찰하고. 그 꽃받침 속으로 걸어 들어가는 꿈을 꾸었던 안젤름이 이제 세상 끝 날에 다시금 그 추억의 고향으로 돌아가는 것이다. '아이리스'라는 이름의 여인을 만나지 못했다면. 안젤름은 인생의 진정한 의미와 본질을 깨닫지 못한 채 삶의 표상만을 바라보고 살아갔을 텐데. 그는 결국 그녀의 도움으로 어려운 과제를 해결하고. 삶의 의미와 본질을 내면의 푸른 비밀 속으로 들어가 마음의 고향에서 발견하는 것이다. 이것이 헤세적 자기 발견이요. 정신분석학적 자기 극복인 것이다.

전쟁을 미워하고 평화를 사랑했던 시인 헤세는 외부적. 내부적 고독 속에서 보다 깊은 인간성을 발견하기 위하여 자기 자신의 내면세계를 바탕으로 동화 「아이리스」를 썼다. 전쟁의 황폐함. 부인과의 갈등. 독일 문단의 비난 등 대내외적인 위기가 시인을 더욱 내면으로 침잠하게 했으며. 그 해답을 꿈같은 동화 세계에서 성취하려고 한 것이다.

특히 헤세는 독일 낭만주의의 대표 시인 노발리스의 영향을 받아 그의 창작동화 「아이리스」에서 낭만주의의 상징 '푸른 꽃'을 묘사했으며, 푸른 꽃 아이리스를 통해 내면으로 들어가는 신비한 길을 발견하게 된다. 그 길이 결국 자기 자신에게 도달하는 자기 발견의 길이요, 진실한 삶의 본질을 인식할 수 있는 자기 극복의 길인 것이다. 그래서 세상은 비유이고, 표상이며, 자아만이 진실이라는 보다 깊은 인간성을 깨닫는 것이다.

무엇보다도 헤세는 진정한 삶의 본질을 깨달을 수 있는 매개체로 사랑을 강조하며, 죽음마저도 극복하는 위대한 사랑의 힘을 음악을 통해 영혼의 나라에서 획득하도록 시도한다. 따라서 푸른 꽃 아이리스는 영혼에서 영혼으로 갈 수 있는 사랑의 매개체이며, 그 아이리스를 통해 안젤름은 영혼의 고향에서 죽은 아이리스와 해후하는 것이다.

그러므로 세상의 부귀와 영화를 위해 앞만 보고 달려가는 뭇사람들에게 헤세는 진정한 사랑을 통한 자아 발견을 참된 삶의 이정표로 제시하며, 인간과 자연과 시간이 하나인 총체성의 영역을 의미하는 무의식 세계에 대한 탐닉을 자기 극복이라고 외치는 것이다.

비교 연구

그림 형제는 1812년에 그들의 동화모음집 『아동과 가정 동화』의 초판을 발표했다. 여기에 스물아홉 번째로 「세 개의 황금머리카락을 지닌 악마에 대하여Von dem Teufel mit drei goldenen Haaren」라는 제목의 동화가 발표되었는데, 이것이 1857년 최종판에서는 「세 개의 황금머리카락을 지닌 악마Der Teufel mit den drei goldenen Haaren」라는 제목으로 변경되어 출판되었다. 그림동화집 초판은 모두 156편의 동화로 이루어졌다. 이것을 그림 형제는 두 부분으로 나누어서, 1812년에 제1부로 86편의 동화를, 1815년에 제2부로 70편의 동화를 발표했다. 이 초판이 1857년 최종판에서 200편의 동화와 10편의 어린이 성담으루 나누어져 출판된 것이다.

그림동화집 최종판에서 「세 개의 황금머리카락을 지닌 악마」 이외에 '악마'가 제목에 들어 있는 동화는 「악마의 검게 그을린 동생Des Teufels rußiger Bruder(Nr. 100)」, 「악마와 그의 할머니Der Teufel und seine Großmutter(Nr. 125)」, 「주님의 동물과 악마의 동물Des Herrn und des Teufels Getier(Nr. 148)」 그리고 「농부와 악마Der Bauer und der Teufel(Nr. 189)」이다. 그림동화집 초판에서는 「악마의 검게 그을린 동생」이 제2부 열네 번째로, 「악마와 그의 할머니」는 제2부 서른아홉 번째로 그리고 「주님의 동물과 악마의 동물」은 제2부 예순두 번째로 발표된 동화인데, 토씨 하나 틀리지 않고 그대로 최종판에 수록되었다. 그러나 「농부와 악마」는 초판에는 없었던 동화를 빌헬름이 최종판에 추가 수록한 것이며, 반면에 초판 제2부 열다섯 번째로 발표했던 「녹색 옷을 입은 악마Der Teufel Grünrock」는 최종판에서 제외되었다. 따라서 본 장에서는 '악마'를 다룬 그림 동화 가운데 유일하게 초판의 제목과 내용을 최종판에서 대폭 수정 개작한 동화 「세 개의 황금머리카락을 지닌 악마」를 초판과 비교하여 작가의 의도와 동화적 특징을 중심으로 분석하고자 한다.

1) 등장인물들의 비교

러시아의 동화 이론가 프로프가 그의 『동화의 형태론』에서 밝힌 "등장인물들에 의한 기능들의 분배"에 따라, 그림 동화 「세 개의 황금머리카락을 지닌 악마에 대하여」(초판)와 「세 개의 황금머리카락을 지닌 악마」(최종판)의 등장인물들과, 그들의 역할을 비교하여 도식화하면 다음 [표 7-1]과 같다.

[표 7-1]

등장인물들의 역할	등장인물들	
	「세 개의 황금머리카락을 지닌 악마에 대하여」(초판)	「세 개의 황금머리카락을 지닌 악마」(최종판)
주인공	나무꾼	행운아
가짜 주인공	악마	악마
조력자	악마의 부인	방앗간 머슴, 늙은 여자, 악마의 할머니
파견자	파수꾼, 사공	부모, 방앗간 부부, 파수꾼, 사공
가해자(적수)	왕	왕
공주(찾았던 인물)와 그녀의 아버지	공주, 왕	공주, 왕비, 왕
증여자(공급자)	악마의 부인, 파수꾼, 시장, 한 남자, 왕	도둑들(두목), 악마의 할머니, 파수꾼

위의 비교표에서 가장 눈에 띄는 점은 그림 동화 초판의 주인공 나무꾼이 최종판에서는 행운아로 바뀐다는 것이다. 동화 주인공을 나무꾼에서 행운아로 바꾼 이유는 무엇보다도 어린이들에게 꿈과 희망을 주려는 작가의 의도에 의해서이다. 다시 말해, 그림 형제는 그들의 동화모음집 초판에서 민속의 풍습과 고유성, 격언과 익살을 가진 사건들을 충실과 진실로서 전해 들은 그대로 묘사하여 출판했지만, 간행 판이 거듭될수록 시대적인 요청과 독자의 대다수인 어린이들의 반응에 따라 원래의 이야기를 수정·보완하게 된 것이다. 그래서 동화 주인공 나무꾼보다는 어린이의 눈높이에 맞춘 행운아가 더 적절한 주인공으로

그림 동화의 최종판에 등장한 거라고 말할 수 있다.

일반적으로 그림 동화의 제목에 기록된 등장인물의 이름을 통해 그 동화의 주인공이 알려지는 반면에, 이 두 동화의 제목에서 언급되는 '악마'라는 등장인물은 주인공이 아니다. 악마는 나쁜 존재이다. 그것을 심리학적 동화 이론가 프란츠는 그녀의 『동화에서 그림자와 악惡』에서 '종교적인 시스템으로' 믿음을 통해 '나쁜 악마'로 인격화한 것이라고 주장한다. 그래서 악마는 그림 동화에서 가짜 주인공의 역할을 행한다. 악마는 현실 세계, 곧 의식 세계에 존재하는 인물이 아니라, 오직 초현실세계, 즉 무의식 세계에 존재하는 인물이다. 또한 동화 이론가 뤼티도 그의 『유럽의 전래동화』에서 악마를 '마녀', '요정', '요괴' 등과 같이 저승의 인물로 간주한다.

뤼티가 동화에 대한 문체양식 분석 방법으로 '일차원성'에 대해 주장하듯이, 이승 존재인 인간과 저승 존재인 악마는 '같은 차원'에서 공존하며, 자연스럽게 교제하는 것이다. 조금 더 정확히 말하자면 하늘나라에 사는 존재와 땅 위에 사는 존재 그리고 바다 속에 사는 존재가 뒤섞여서 마치 하나의 공간에서 사는 것처럼 생활한다는 말이다. 이것은 매우 의미 있는 말이다. 태초의 세계는 모든 것이 하나인 세계였다. 곧 혼돈의 세계, 하늘과 땅과 바다가 나누어지지 않은 세계, 즉 하나의 공간이었다. 그 후 창조주에 의해 세상은 3차원으로 구분되는데, 동화 속에서는 여전히 3차원의 세계가 하나의 차원으로 느껴지고 하늘의 존재나 땅의 존재나 바다의 존재가 함께 하나의 공간에서 공존한다. 그래서 '태초에 동화가 있었다'는 말이 어색하지 않다. 이승 존재와 저승 존재의 공존과 교제, 그것이 바로 의식의 세계와 무의식의 세계의 통일을 의미한다. 쉽게 말해, 인간의 의식의 세계가 수면 위로 드러난 빙산의 일각이라면, 그 무의식의 세계는 수면 아래의 9분의 8의 세계이다. 따라서 인간은 수면 위의 빙산처럼 9분의 1만을 의식의 상태에서 경험하며, 나머지 9분의 8의 보다 큰 부분을 의식하지 못한 채 살아가는 것이다. 그러므로 동화에서 악마란 '무의식적인 것의 의인화'이며, 동화라는 일차원의 공간에서 의식의 존재인 주인공과 무의식의 존재인 악마가 자연스럽게 공존하는 것이다.

"동화는 인간의 행동견본이다."라는 프란츠의 말처럼, 그림 동화 「세 개의 황금머리카락을 지닌 악마에 대하여」(조판)에서의 주인공은 '나무꾼'이고, 이것의 최종판 「세 개의 황금머리카락을 지닌 악마」에서는 '행운아'가 주인공이다. 나무꾼은 나무를 베어내는 행동의 견본이요, 행운아는 행운을 타고났기 때문에 항상 그가 하는 행동이 행운의 견본이 되는 존재이다.

(1) 서두문

다음 [표 7-2]에서 보는 비와 같이 그림 동화 조판의 서두문에서 이미 프란츠가 그녀의 다른 책 『심리적인 동화』에서 주장한

[표 7-2]

서두문	
「세 개의 황금머리카락을 지닌 악마에 대하여」(초판)	「세 개의 황금머리카락을 지닌 악마」(최종판)
한 나무꾼이 왕궁 앞에서 나무를 베고 있었어요. 위쪽의 창문에 공주가 서서 그를 보고 있었어요. 점심때, 그는 그늘에 앉아서 쉬려고 했어요. 그때 공주는 나무꾼이 매우 잘 생겼다는 것을 알았고, 그에게 반해서 그를 위쪽으로 불러오게 했습니다. 그리고 그가 공주를 바라보았을 때, 그녀가 너무나 아름답다는 것을 알았고, 그도 그녀에게 반했어요. 그러자 그들은 곧 사랑으로 하나가 되었습니다.	옛날에 한 아들을 낳은 가난한 여인이 있었어요. 그 아이는 태어날 때 행운의 피부를 두르고 있었기 때문에, 아이가 열네 살이 되면 공주를 아내로 맞이할 거라고 예언되었습니다.

"위의 것과 아래 것의 통일"이 성취되며, '사랑'이라는 인간 보편적 개념 아래에 높고 낮은 신분의 차이가 무의미하다는 평등사상이 내포되어 있다. 심리학적으로 '사랑'은 인간의 선험적先驗的 조건으로서 '원형'의 하나이다. 나무꾼의 공주에 대한 사랑은 '여성에 대한 아니무스'의 표출이고, 공주의 나무꾼에 대한 사랑은 '남성에 대한 아니마'의 분출이다. 따라서 인간의 무의식층에 존재하던 아니무스와 아니마가 사랑이라는 감정으로, 곧 의식 층으로 올라와 표출됨으로써 나무꾼과 공주는 사랑으로 하나가 되는 '총체-통일'의 무아경에 빠지는 것이다.

한편, 그림 동화 최종판의 서두문에서는 가난한 여인의 아들이 행운의 복을 갖고 태어나서, 열네 살이 되면 부유한 공주와 결혼하게 될 거라는 예언이 소개되고 있다. 예언은 동화의 중심 모티브이다. 예언은 동화의 규정된 줄거리의 성취를 위해, 특히 동화의 서두문에서 언급된다. 예를 들면, 그림 동화 「가시장미공주」의 서두문에서 아이가 없어 애태우던 왕비에게 1년 후 아이를 낳게 될 거라는 개구리의 예언에 따라 여주인공 가시장미공주의 탄생과 축복, 저주와 구원의 규정된 줄거리가 진행되는 것이다. 마찬가지로, 그림 동화 「세 개의 황금머리카락을 지닌 악마」의 서두문에서도 예언을 말하는 주체는 결여되었지만, 열네 살 때 공주와 결혼할 거라는 예언에 따라 동화 주인공 행운아는 결국 공주와 결혼하며, 동화의 정해진 줄거리를 성취하는 것이다. 이 예언이야말로 '집단적인 무의식'에 잠재되었던 인간의 원초적인 희망의 표출이다. 바로 19세기 초 가난한 집에 태어나서 어쩔 수 없이 가난을 대물림할 수밖에 없었던 다수의 민중에게 희망을 선사하고 싶은 그림 형제의 격언적 외침이 그들의 동화문학 속에 용해된 것이라고 말할 수 있다.

프로프가 조력자의 행동영역을 "주인공의 공간중개, 불행 및 결핍 요소의 청산, 추적으로부터 구원, 어려운 과제의 해결, 주인공의 변신"이라고 주장하듯이, 그림 동화 초판에서는 악마의 부인이 주인공 나무꾼을 도와주는 조력자 역할을 하는 반면에, 최종판에서는 악마의 할머니가 주인공 행운아를 도와주는 조력자 역할을 한다. 초판의 악마의 부인이 최종판의 악마의 할머니로 바뀐 이유 또한 독자의 대다수인 어린이들에 대한 작가의 배려라고 할 수 있다. 즉, 어린이들의 눈으로 보면, 악마의 부인보다는 악마의 할머니가 더 친근한 존재이며, 이미 주인공이 나무꾼에서 행운아로 바뀐 마당에 열네 살 먹은 소년을 도와주는 할머니의 모습이 악마의 부인보다는 더 이해하기 쉽기 때문이다. 더욱이 어린이들의 집단적인 무의식 속에 내재된 할머니상像은 늘 따듯하고 무엇이든지 다 들어주고 도와주는 이미지인 반면에, 어머니상像은 늘 간섭하고 야단치고 못살게 구는 '오이디푸스적 갈등'의 대상이다. 따라서 그림 형제는 초판에서의 조력자 악마의 부인을 의도적으로 최종판에서 악마의 할머니로 바꿈으로써 그들의 모음집을 아동들을 위한 가정 동화로 자리매김한 거라고 말할 수 있다.

하지만, 그림 동화 초판과 최종판의 조력자의 행동영역을 비교해 볼 때, 악마의 부인이든 악마의 할머니이든 주인공에게 공간을 중개해 주고, 주인공에게 닥친 불행 및 결핍 요소를 청산해 주며, 주인공에게 부여된 어려운 과제를 해결해 주는 역할은 정해진 줄거리 진행에 따라 동일하게 이루어지지만, 유독 주인공을 변신시키는 장면은 최종판에서만 묘사되고 있다. 또한 초판에서의 조력자가 악마의 부인 한 명인 반면에, 최종판에서는 악마의 할머니 외에도 방앗간 머슴, 늙은 여자가 조력자의 역할을 행한다. 이것은 바로 그림동화집의 초판이 출판된 후 여러 차례 개정될 때마다 문학적인 재능이 뛰어난 동생 빌헬름이 동화의 내용과 줄거리를 다듬고 보완한 덕분이라 할 수 있다.

동화의 일곱 명의 줄거리 전달자 중에서 조력자와 증여자(공급자)가 일치하는 경우, 증여자(공급자)와 파견자가 일치하는 경우, 가해자(적수)와 공주의 아버지가 일치하는 경우 등 등장인물들의 상호 역할교환이 가능하기 때문에, 그림 동화의 초판에서 조력자인 악마의 부인이 주인공에게 '마법도구'를 수여하는 증여자(공급자)의 역할을 행하고, 증여자(공급자)인 파수꾼이 주인공을 '파견'하는 파견자의 역할을 병행하며, 주인공을 '가해'하는 가해자(적수)인 왕이 어려운 과제를 부여하고 주인공을 '확인'하는 공주의 아버지의 역할을 함께 행하는 것이다. 또한 그림 동화의 최종판에서도 악마의 할머니가 조력자와 증여자(공급자)의 역할을 병행하고, 파수꾼이 증여자(공급자)와 파견자의 역할을 함께 행하며, 왕이 가해자(적수)와 공주의 아버지의 역할을 병행하는 것이다. 이와 같은 동화의 등장인물들의 기능분배와 상호 역할교환에 따라 '출발-억압-구원-행복'의 동화의 규정된 줄거리가 진행되며, 그 안에서 인간의 무의식 속에 잠재되어 있는 '조화로운 세계 질서의 부흥'이 추구되는 것이다.

2) 과제부여, 과제해결 방법, 과제해결 및 보상

동화의 규정된 줄거리를 성취하기 위해 동화 주인공에게 과제가 부여되고, 그 과제를 해결할 수 있는 방법이 소개되며, 그

과제가 해결되고 마침내 보상을 받음으로써 동화는 끝을 맺을 수 있다. 그림 동화 「세 개의 황금머리카락을 지닌 악마에 대하여」(초판)와 「세 개의 황금머리카락을 지닌 악마」(최종판)에서 과제부여, 과제해결 방법, 과제해결 및 보상이 매우 중요한 동화 모티브로 작용하여, 다음의 도표처럼 두 동화의 차이점을 일목요연하게 비교할 수 있다.

㉮ 과제부여

[표 7-3]

<table>
<tr><th colspan="4">과제부여</th></tr>
<tr><th colspan="2">「세 개의 황금머리카락을 지닌 악마에 대하여」(초판)</th><th colspan="2">「세 개의 황금머리카락을 지닌 악마」(최종판)</th></tr>
<tr><th>등장인물</th><th>내용</th><th>등장인물</th><th>내용</th></tr>
<tr><td>왕, 나무꾼</td><td>악마의 머리에 있는 세 개의 황금머리카락을 가져올 것</td><td>왕, 행운아</td><td>악마의 머리에서 세 개의 황금머리카락을 가져올 것</td></tr>
<tr><td>대도시의 파수꾼, 나무꾼</td><td>아무도 치료할 수 없는 병든 공주를 낫게 하는 방법</td><td>대도시의 파수꾼, 행운아</td><td>포도주를 내뿜었던 광장의 분수가 말라서 물조차 흐르지 않게 된 이유</td></tr>
<tr><td>두 번째 도시의 파수꾼, 나무꾼</td><td>광장의 분수가 말라버린 이유</td><td>성문 파수꾼, 행운아</td><td>황금사과나무가 시들어 이파리조차 나지 않는 이유</td></tr>
<tr><td>한 남자, 나무꾼</td><td>무화과나무가 시든 이유</td><td rowspan="2">사공, 행운아</td><td rowspan="2">사공이 교대되지 않는 이유</td></tr>
<tr><td>사공, 나무꾼</td><td>언제 사공이 교대되는지</td></tr>
</table>

㉯ 과제해결 방법

[표 7-4]

<table>
<tr><th colspan="4">과제해결 방법</th></tr>
<tr><th colspan="2">「세 개의 황금머리카락을 지닌 악마에 대하여」(초판)</th><th colspan="2">「세 개의 황금머리카락을 지닌 악마」(최종판)</th></tr>
<tr><th>등장인물</th><th>내용</th><th>등장이물</th><th>내용</th></tr>
<tr><td>악마의 부인, 악마, 나무꾼</td><td>세 번에 걸쳐 세 개의 황금머리카락을 악마의 머리에서 뽑아서 주인공에게 건네줌</td><td>악나의 할머니, 악마, 행운아</td><td>세 번의 거짓말로 세 개의 황금머리카락을 악마의 머리에서 뽑아서 주인공에게 건네줌</td></tr>
<tr><td>악마의 부인, 악마, 나무꾼</td><td>죽을병에 걸린 공주의 침대 밑에 숨어 있는 하얀 두꺼비를 치울 것</td><td>악마의 할머니, 악마, 행운아</td><td>말라버린 광장의 분수 안에 앉아 있는 두꺼비를 죽일 것</td></tr>
<tr><td>악마의 부인, 악마, 나무꾼</td><td>말라버린 광장의 분수 아래 놓여 있는 하얀 돌을 끄집어낼 것</td><td>악마의 할머니, 악마, 행운아</td><td>황금사과나무의 뿌리를 갉아먹고 있는 쥐를 죽일 것</td></tr>
<tr><td>악마의 부인, 악마, 나무꾼</td><td>말라가는 무화과나무의 뿌리를 갉아먹는 쥐를 죽일 것</td><td rowspan="2">악마의 할머니, 악마, 행운아</td><td rowspan="2">어떤 이가 강을 건너려고 할 때 그의 손에 노를 건네줄 것</td></tr>
<tr><td>악마의 부인, 악마, 나무꾼</td><td>배를 타러 다가오는 첫 번째 사람을 붙잡아 놓을 것</td></tr>
</table>

㉰ 과제해결 및 보상

[표 7-5]

과제해결 및 보상					
「세 개의 황금머리카락을 지닌 악마에 대하여」(초판)			「세 개의 황금머리카락을 지닌 악마」(최종판)		
등장인물	내용	보상	등장인물	내용	보상
사공, 나무꾼	강을 건너려는 첫 번째 사람을 붙들라고 말함	강을 건너옴	사공, 행운아	누군가 와서 강을 건너려고 할 때 그의 손에 노를 건네주라고 함	강을 건너옴
한 남자, 나무꾼	뿌리를 갉아먹고 있는 하얀 쥐를 죽임	보병 부대	파수꾼, 행운아	황금사과나무의 뿌리를 갉아먹는 쥐를 죽임	금을 가득 짊어진 두 마리 당나귀
파수꾼, 시장, 나무꾼	광장의 분수 밑바닥에 놓여 있는 하얀 돌을 끄집어냄	기병 연대	파수꾼, 행운아	분수의 돌 아래 앉아 있는 두꺼비를 찾아내어 죽임	금을 가득 짊어진 두 마리 당나귀
파수꾼, 왕, 나무꾼	병든 공주가 누워 있는 침대 아래에 숨어 있는 하얀 두꺼비를 죽임	금을 가득 실은 네 대의 마차	공주(부인), 왕, 행운아	악마의 세 개의 황금머리카락을 건네줌	앞서 결혼한 공주를 비로소 부인으로 맞이함
공주, 왕, 나무꾼	악마의 세 개의 황금머리카락을 건네줌	공주와 결혼			

위의 세 가지 표에서 가장 눈에 띄는 현상은 그림 동화의 초판이든 최종판이든 모두 과제부여 순서와 과제해결 순서가 거꾸로 뒤바뀐 점이다. 즉, 주인공에게 마지막에 부여된 과제가 제일 먼저 해결되고, 가정 먼저 부여된 과제가 마지막에 해결되기 때문에 순서가 뒤바뀐다는 것이다. 또한 초판이나 최종판이나 대과제인 '악마의 머리에서 세 개의 황금머리카락을 가져올 것'이 동일하게 부여되고, 그 해결도 비슷하게 진행된다. 하지만 그림 동화의 초판에서는 네 번의 소과제가 부여되고 그 해결 및 보상도 네 번 이루어지는 반면에, 최종판에서는 세 가지 소과제가 부여되고 세 가지 과제해결 및 보상이 이루어지는 점이 다르다.

그 이유는 무엇보다도 동화문학에서 '3'이란 숫자가 '가장 눈에 띄는 형식 특징'이기 때문이다. 숫자 '3'은 성부·성자·성령의 삼위일체의 숫자이고, 옛날부터 모든 일을 결정할 때 '삼세 번 한다'는 민속적인 숫자이기도 하다. 그래서 그림 형제는 우선 동화의 제목에서 "세 개의 황금머리카락"이라고 숫자 '3'을 강조했고, 초판에서의 네 가지 소과제 부여와 네 번의 과제해결 및 보상을 최종판에서 세 가지 소과제 부여와 세 번의 과제해결 및 보상으로 축소시킨 것이다. 이미 위의 표에서 밝혔듯이, 초판의 첫 번째 소과제인 '병든 공주를 낫게 하는 방법'이 최종판에서는 빠졌고, 초판에서 그 해결 방법인 '두꺼비를 치울 것'이 최종판에서는 말라버린 광장의 분수를 해결하는 방법으로 활용되었다. 다시 말해, 초판에서의 네 가지 소과제를 최종판에서 세 가지로 줄이면서 '병든 공주'를 빼버렸고, 초판에서의 말라버린 광장의 분수의 해결 방법인 '하얀 돌을 끄집어내는 것' 대신에, 최종판에서는 '두꺼비를 치움'으로써 세 번의 소과제 해결로 멋지게 축소시킨 것이다.

프로프가 주장한 31가지 '등장인물들의 기능들' 중에서 '한 명의 가족구성원이 얼마 동안 집을 떠난다'는 첫 번째 기능과, '주인공이 집을 떠난다'는 열한 번째 기능, 그리고 '주인공이 돌아온다'는 스무 번째 기능을 통해 방랑이 강조되듯이, 그림 동화 초판과 최종판에서도 주인공은 부여된 과제를 해결하기 위해 출발과 귀환의 구조적 틀 속에서 편력하는 것이다. 주인공이 편력하는 이유를 뤼티는 "주어진 물건(선물), 발견, 과제, 충고, 금지, 기적적인 도움과 저항, 어려움과 행운" 등의 외부적인 자극에 의해서라고 밝히듯이, 그림 동화의 초판과 최종판의 주인공 나무꾼과 행운아는 왕의 과제부여와 금지, 악마의 부인과 할머니의 충고와 기적적인 도움, 황금머리카락·분수·무화과나무·황금사과나무·두꺼비·돌·쥐 등의 주어진 물건(선물)과 발견, 파수꾼·사공·도둑들에 의한 어려움, 주인공의 행운 등의 외부적인 자극에 의해 방랑하는 것이다.

동화문학에서는 금색·은색·청동색의 금속적인 색깔과 하얀색·빨간색·검은색의 순수한 색깔이 지배적이다. 그래서 그림 동화의 초판과 최종판 모두에서 황금머리카락, 금을 통해 금속적인 색깔이 두드러지며, 초판에서의 무화과나무가 최종판에서 황금사과나무로 변용됨으로써 금속적인 색깔이 더 강조되고 있다. 반면에 초판에서 하얀 두꺼비 · 하얀 쥐 · 하얀 돌의 하얀색이 두드러졌는데, 최종판에서는 오히려 '하얀'이란 형용사를 명사 앞에서 생략함으로써 하얀 색깔이 결여된 아쉬움이 남는다. 아무튼, 그림 형제가 초판과 최종판에서 금속적인 색깔과 순수한 색깔을 사용했다는 사실이, 그러한 색깔을 선호하는 동화의 문체적 특성을 이미 알고 있다는 점이며, 그들의 동화모음집이 동화의 영원한 표준으로서 그 진가를 인정받는 거라고 말할 수 있다.

그림 동화의 초판과 최종판에서 주어진 과제가 해결된 후, 주인공에게 부여되는 보상이 차이가 난다. 초판에서의 보상이 과제해결을 받은 자들의 "무엇을 당신은 보답으로 원하시오", "무엇으로 우리가 당신께 보상하오리까?", "무엇을 당신은 보상으로 원하시오?"라는 질문과, 주인공의 "한 보병부대를", "한 기병연대를", "금을 가득 실은 네 대의 마차를"이라는 요구로 이루어지는 반면에, 최종판에서의 보상은 그러한 질문과 요구 없이 과제해결을 받은 자들이 주인공에게 감사의 보답으로 자동적으로 "금을 가득 짊어진 두 마리 당나귀"를 줌으로써 성취된다. 이것은 초판에서의 보상의 내용이 지나치게 과장된 반면에, 최종판에서는 어린이 눈높이에 적합한 보상으로 경감된 것이라고 할 수 있다. 동화의 등장인물들은 '표면적인 관계' 속에서

'꼭두각시처럼 기계적으로' 행동하기 때문에, 초판에서 과제해결을 받은 자들의 질문과, 주인공의 요구에 의해 보상이 이루어진다는 것은 다분히 비동화적이라고 말할 수 있다. 반면에 최종판에서는 그러한 비동화적인 요소가 작가에 의해 동화적인 요소로 수정되었고, '육체적 · 정신적 깊이의 차원'이 없는 동화의 인물들이 적절하게 묘사된 것이라고 할 수 있다.

사실 그림 동화 초판에서의 세 가지 소과제 해결에 따른 세 가지 보상, 곧 보병부대, 기병연대, 금을 가득 실은 네 대의 마차는 한 가지 대과제 해결, 곧 악마의 세 개의 황금머리카락을 건네줌을 위한 선행조건이다. 동화 주인공 나무꾼이 악마의 세 개의 황금머리카락을 왕에게 건네주면서 약속대로 공주를 줄 것을 청했으나, 망설이는 왕에게 본인이 보상으로 받은 보병부대와 기병연대 그리고 금을 실은 네 대의 마차를 보여주자, 마침내 왕은 공주를 내어준다. 이것은 왕도 그의 군대가 있을 테니, 나무꾼이 데려온 보병부대와 기병부대보다는 네 대의 마차에 가득한 황금 때문에 자기 딸과의 결혼을 허락한 것이라고 말할 수 있다. 새삼 돈이면 권력도 살 수 있다는 황금만능주의의 '선입견'이 실현되는 것이며, 이러한 선입견은 최종판에서 더욱 그 가치가 두드러진다.

> 왕은 금을 잔뜩 실은 네 마리 당나귀를 보았을 때, 매우 만족하며 말했어요. "이제 모든 조건을 갖췄으니 자네는 내 딸을 가질 수 있네. 그러나 사랑하는 사위여, 어디서 그 많은 금을 얻었는지

내게 말해 보게. 그 금은 정말 굉장한 보물이구나!"

네 마리의 당나귀에 가득 실린 금 때문에 다시 말해, 황금만능주의의 선입견 때문에 왕은 그렇게도 싫어했던 행운아를 기꺼이 '사랑하는 사위'로 받아들이고, 심지어 더 많은 황금을 얻고 싶은 욕망에 사로잡혀 스스로 금을 찾아 나서게 된다. '지나친 욕심은 화를 불러온다.'는 격언처럼 그림 형제는 이 욕심 많은 왕을 결국 사공의 계승자로 만들어, 그에게 희망 없는 '사공의 직무'의 벌을 받게 하는 것이다.

(1) 종결문

끝으로, 그림 동화의 초판과 최종판에서의 종결문을 비교하면 다음 [표 7-6]과 같다.

프로프가 등장인물들의 31가지 기능들 가운데 마지막 서른한 번째 기능을 "주인공은 결혼하고 즉위한다."라고 주장하듯이, 그림 동화 초판의 종결문은 그렇게 주인공과 공주가 결혼함으로써 동화의 끝을 '행복한 결말'로 맺는다. 반면에 최종판에서는 이미 동화의 전반부에서 조력자 도둑들의 '두목'이 왕의 죽음의 편지를 구원의 편지로 위조해서, 결국 주인공 행운아가 공주와 결혼하는 성대한 결혼식이 거행되었기 때문에, 결혼으로 끝을 맺는 게 아니라 악행을 저지른 왕이 벌을 받는 장면으로 종결문의 끝을 맺는다. 이러한 악행을 저지른 자를 벌 받게 하는 마지막

[표 7-6]

종결문	
「세 개의 황금머리카락을 지닌 악마에 대하여」(초판)	「세 개의 황금머리카락을 지닌 악마」(최종판)
그래서 두 사람은 결혼했고 행복하게 살았답니다. 그 때문에, 악마를 두려워하지 않는 사람이, 그의 머리카락을 뽑을 수 있고 온 세상을 얻을 수 있는 겁니다.	탐욕스러운 왕은 서둘러서 길을 떠났고, 그가 강에 도착했을 때, 강을 건네주도록 사공에게 손짓을 했어요. 사공이 와서 그를 올라타게 했어요. 그리고 그들이 건너편 강가에 닿았을 때, 사공은 그의 손에 노를 줬고, 거기서 도망쳤어요. 왕은 그러나 그때부터 그의 악행에 대한 벌로 노를 저어야만 했답니다. "그가 아직도 노를 젓고 있냐고요?" "글쎄요, 어찌 됐을까요? 그에게서 아무도 노를 빼앗으려고 하진 않겠죠."

장면은 그림 동화 곳곳에서 찾아볼 수 있다. 예를 들면, 「백설공주」에서 여주인공의 계모인 사악한 왕비가 그녀의 악행 때문에 동화의 마지막에서 쇠로 달군 구두를 신고 죽을 때까지 춤을 춘다거나, 「신데렐라」에서 여주인공의 사악한 두 의자매가 신데렐라의 결혼식에서 조력자 비둘기들에 의해 실명의 벌을 받게 되는 결말 등이 그것이다. 다시 말해, 초판에서는 기록되지 않았던 처벌 장면을 그림 형제가 의도적으로 독자의 대다수인 어린이들에게 도덕심을 일깨우기 위해 최종판에서 덧붙인 것이며, 이것을 통해 그림 동화가 '경고동화'로서 교육서의 역할을 행하는 거라고 말할 수 있다.

그림 형제가 그들의 동화모음집 『아동과 가정 동화』의 초판에서 발표한 156편의 동화들 전부를 최종판에서 얼마나 수정하여 발표했는지, 혹은 수정 없이 그대로 출판했는지, 혹은 빠뜨리거나 새로 보충한 것은 어느 정도인지 등에 대한 의문이 결국 제목에 '악마'라는 이름이 들어간 동화들만을 가려내어 비교하게 되었다. 그것에 따라, '악마'라는 이름이 들어간 동화가 초판과 최종판에서 각기 다섯 편씩이었고, 그 가운데 세 편이 제목과 내용이 동일했으며, 각기 한 편씩은 전혀 관련 없이 수록되었고, 오직 한 편의 동화만이 초판과 최종판에서 상당 부분 차이가 있었음을 알 수 있었다. 따라서 본 장에서는 제목과 내용을 상당 부분 수정한 「세 개의 황금머리카락을 지닌 악마에 대하여」(초판)와 「세 개의 황금머리카락을 지닌 악마」(최종판)를 선택하여 비교 연구하게 된 것이다.

그 결과 첫째, 초판과 최종판의 등장인물들의 비교를 통해 가장 눈에 띄는 점은, 동화 주인공이 '나무꾼'에서 '행운아'로, 조력자가 '악마의 부인'에서 '악마의 할머니'로, 동화의 핵심이 되는 인물이 모두 새로운 인물로 바뀌었다는 점과, 초판에서의 한 명의 조력자와 두 명의 파견자를 최종판에서는 세 명의 조력자와 네 명의 파견자로 증원시켰다는 점이다. 이러한 등장인물들의 변화와 증원은 결국 동화의 내용을 질적으로 향상시키는 결과를 가져왔고, 특히 그 당시 마땅한 읽을거리가 없었던 어린이들에게 커다란 반향과 기쁨, 꿈과 희망을 안겨주는 결정적인 계기가 된 것이다.

둘째, 초판과 최종판에서 동화적 특징인 과제부여와 과제해결 방법, 과제해결 및 보상의 비교를 통해 가장 두드러진 현상은 숫자 '3'의 법칙에 따라 초판의 네 가지 소과제가 최종판에서 세 가지 소과제로 축소된 점과, 초판에서의 지나치게 과장된 보상이 최종판에서 적당한 보상으로 매듭을 지었다는 점이다. 무엇보다도 금속적인 색깔과 순수한 색깔을 선호하는 동화의 문체적 특징이 초판과 최종판에서 각기 잘 나타나 있으며, 동화의 등장인물들이 규정된 줄거리에 따라 표면적인 관계 속에서 꼭두각시처럼 기계적으로 행동하는 동화적 특징은 초판에서보다는 최종판에서 더 잘 묘사되어 있다고 말할 수 있다.

끝으로, 그림 형제는 황금만능주의의 선입견에 대한 견해를 초판과 최종판의 종결문에서 보여주는데, 초판에서보다는 최종판에서 더 많은 황금을 얻고 싶은 욕망에 사로잡힌 왕에게 영원한 사공의 직무를 부여함으로써 경고동화로서 그림 동화의 역할을 교훈적으로 보여주는 것이다.

그림 동화의 초판이 없었다면 최종판도 존재하지 않았을 것이다. 오늘날 동화의 영원한 표준으로서 그림 동화를 기억할 때 초판에 대한 비교 연구도 반드시 필요하다고 말할 수 있으며, 앞으로도 계속 그러한 비교 연구는 지속되어야 한다고 강조하면서 끝을 맺는다.

구원의 문제

한스 크리스티안 안데르센Hans Christian Andersen(1805~1875)은 창작동화의 아버지라고 불린다. 그것은 전래동화의 아버지라고 불리는 그림 형제의 덕분이라고 할 수 있다. 왜냐하면 안데르센의 창작동화는 그림 형제의 전래동화의 직접적인 이웃으로 그 인기를 얻었기 때문이다. 다시 말해, 19세기 낭만주의 시대에 그림 형제가 쓴 『아동과 가정 동화』의 영향으로 약 20년 후인 1835년에 안데르센은 『아동을 위해 이야기하는 동화*Eventyr, fortalte for Børn*』를 발표한 것이다. 이미 책 제목에서 동화의 대상이 어린이임이 뚜렷하게 부각되었고, 그 어린이를 위해 그림 형제는 전해 내려오는 이야기들을 수집하여 동화책으로 출판했고, 안데르센은 자기 이름으로 동화를 창작하여 세상에 내놓은 것이다. 그래서 사람들은 그림 동화와 안데르센 동화를 전래동화와

안데르센(Hans Christian Andersen, 1805~1875)

창작동화의 고전적 견본으로 간주하며. 아동문학의 효시로 인정하는 것이다.

안데르센은 가난한 어린 시절을 보냈다. 아버지 한스 안데르센Hans Andersen(1782~1816)은 가난한 구두수선공이었지만 문학을 좋아하여 어린 아들에게 『아라비안나이트』나 극작가 홀베르크L. Holberg(1684~1754)의 작품 등을 들려주었고. 어머니 안네 마리 안데르스다테르Anne Marie Andersdatter(1775~1833)는 알코올 중독의 세탁부였지만 루터교의 신앙을 아들에게 전수했으며. 친할머니 안네 카테리네 노멘스다테르Anne Catherine Nommensdatter는 몽상가였지만 많은 옛날이야기를 들려주면서 어린 손자에게 꿈과 희망을 불어넣었다. 즉. 소년 안데르센은 가난한 형편에서도 아버지로부터는 문학적 재능을. 어머니로부터는 신앙심을. 그리고 할머니로부터는 동화적 상상력을 받으면서 성장한 것이다.

여기서 필자의 관심은 안데르센이 어머니로부터 교육받은 루터교의 신앙에 집중된다. 왜냐하면. 안데르센이 어릴 때부터 간직해 온 신앙심에 의해 그의 많은 동화들이 쓰였기 때문이다. 즉.「인어공주」.「성냥팔이소녀」.「낡은 교회종」.「길동무」.「뵈르크룸 주교와 그의 신하들」.「대부님의 그림책」.「믿을 수 없는 일」.「빨간 구두」.「천사」.「눈의 여왕」.「천국의 정원」.「종」.「최후의 날」.「앉은뱅이 한스」.「유태인 소녀」.「현자의 돌」.「하늘나라에서 떨어진 꽃잎」.「탑지기 올레」.「안네 리스베스」.「무덤 속의 아이」 등이 그것이다. 이 중에서 필자는 특히

「눈의 여왕」을 선택하여 기독교 신앙의 본질인 구원의 문제를 중심으로 서술하려고 한다. 그 이유는 안데르센이 1846년, 그의 나이 마흔한 살에 쓴 동화 「눈의 여왕」에서 무엇보다도 루터교의 신앙고백이 잘 드러나 있고, 동화 줄거리의 성취를 위해 '주기도문'이 결정적인 역할을 하며, 결국 두 주인공의 눈물에 의해 '영원'이라는 단어의 과제가 해결됨으로써 동화의 대미를 해피엔딩으로 장식하기 때문이다.

안데르센이 「눈의 여왕」의 부제목을 "일곱 가지 이야기로 엮은 동화"라고 밝혔기 때문에, 본 장에서도 일곱 개의 이야기를 중심으로 각 이야기의 내용과 특징 그리고 구원의 문제를 서술하고자 한다.

1) 악마의 거울

앞에서 밝혔듯이, 동화 「눈의 여왕」은 모두 일곱 개의 이야기로 엮어져 있다. 그 중에서 첫 번째 이야기를 안데르센은 독일 드레스덴 근처 막센에 머물면서 썼고, 나머지 여섯 편의 이야기는 덴마크 코펜하겐에서 완성했다. 첫 번째 이야기의 제목은 원래 "거울과 거울 파편"이지만, 본 장에서는 등장인물의 중요성을 강조하기 위해 "악마의 거울"이라는 제목을 붙였다.

작가는 창작동화의 아버지답게 첫 번째 이야기를 다음과 같이 시작한다.

> 그래요, 이제 우리는 시작합니다. 이야기의 끝에서 우리는 지금 보다 훨씬 더 많이 알게 될 거예요, 왜냐하면 그것은 악한 요괴에 대한 이야기이기 때문이죠.

전통적인 전래동화의 서두문 양식이 '옛날 옛적에'로 시작하는 것과는 대조적으로 「눈의 여왕」은 창작동화답게 동화의 서두문을 자유롭게 시작한다. 창작동화의 서두문 양식이 따로 있는 것은 아니기에, 전래동화의 서두문 양식을 피하여 동화를 시작한다면, 그것이 창작동화의 서두문 양식에 맞게 동화를 썼다고 말할 수 있다. 대부분의 동화의 시작 부분에서 동화 주인공과 그의 가족구성원이 소개되는 반면에, 안데르센 동화에서는 적수이자 가해자 역할을 담당하는 '악한 요괴'가 먼저 소개된다. 그 '악마'는 연금술사처럼 '하나의 거울'을 만들었는데, 그 거울은 멋지고 아름다운 것을 비치면, 일그러지고 형편없어 보이게 만들고, 아무짝에도 쓸모없고 추한 것을 비치면 더욱 쇠약하고 추하게 보이게 하는 특성을 가졌다. 이 악마의 거울은 말하는 거울은 아니지만, 전형적인 '동화의 소도구'로서 주인공을 가해하기 위해 사용되는 것이다.

악마는 이 '마법의 거울'을 가지고 온 세상을 돌아다니면서 비춰, 일그러지고 추하게 된 세상과 인간의 본래의 모습을 알게 하는 일에 재미있어 한다. 심지어 악마는 하늘나라로 올라가 하나님과 천사들마저도 우스꽝스럽게 만들 것을 시도한다. 그러나 악마의 거울은 하나님과 천사에게 이르자 심하게 요동쳤고, 결국 악마의 손에서 미끄러져 땅에 떨어져서 수억 분의 1 이상의 조각으로 산산이 부서졌다. 여기서 하늘과 땅이 한 공간처럼 여겨지는 '일차원성'이 나타나며, 합리적 가치를 초월한 신비한 상태에서 동화의 등장인물들은 자유롭게 이승과 저승을 왕래하는 것이다.

'모래알처럼' 잘게 부서진 거울 파편은 세계 각국으로 날아가 퍼졌는데, 눈에 거울 파편이 박힌 사람들은 모든 사물을 비뚤어지고 나쁘게 보았고, 심장에 거울 파편이 박힌 사람들은 마음이 얼음덩어리처럼 차가워졌다. 이렇게 혼란스러운 광경을 야기한 악마는 정해진 동화 줄거리에 알맞게 가해자의 역할을 행하고는 줄거리 선상에서 사라진다.

안데르센은 동화의 첫 번째 이야기에서 동시대 사람들이 자신에 대해 가지고 있는 외모에 대한 부정적 선입견을 바로 악마의 거울이 그들의 눈에 박혀 있기 때문이라는 점을 비유적으로 언급하는 것이다. 다시 말해, 악마의 거울에 의해 세상을 보는 눈이 왜곡되고, 개인을 이웃 간의 따듯함으로부터 격리시키는 일이 빈번하게 일어난다는 것이다. 그래서 안데르센은 그러한 사람들을 동화를 통해 가르치고 개선시키려는 희망을 자신의 '종교성'을 바탕으로 「눈의 여왕」에서 피력하는 것이다.

2) 소년과 소녀 그리고 눈의 여왕

두 번째 이야기의 원래 제목은 "소년과 소녀"이지만, 본 장에서는 '눈의 여왕'을 덧붙였다. 왜냐하면, 이 동화의 제목이 "눈의 여왕"인데 일곱 개의 이야기 어디에도 그 이름을 제목에 직접 명기한 곳이 없기 때문이며, 또한 두 번째 이야기에서 비로소 눈의 여왕이 직접 등장하기 때문이다. 더욱이 이 동화의 진짜 주인공들이 두 번째 이야기의 서두 부문에서 소년 '카이Kay'와 소녀 '게르다Gerda'로서 소개되니, 이 동화의 본질적인 '출발 상황'이 여기서 시작된다고 할 수 있다. 두 주인공에 대한 소개와 그들의 처지가 다음과 같이 묘사된다.

> 수많은 집들이 있고 수많은 사람들이 살고 있는 대도시 안에서 모든 사람들이 작은 정원을 가질 수 있을 만큼 넉넉한 공간은 없어요. 그 때문에 대부분의 사람들은 화분들로 만족해야만 하죠. 하지만 두 명의 가난한 아이들은 한 개의 화분보다는 약간 더 커다란 정원을 가지고 있었어요. 그들은 오누이는 아니었죠. 그러나 그들은 마치 오누이인 양 서로를 사랑했어요.

친오누이처럼 다정한 카이와 게르다. 그들은 가난하다. 안데르센이 어린 시절에 가난을 뼈저리게 체험했듯이, 그의 동화 주인공도 가난하게 묘사된다. 물론 '가난'은 동화의 중요한 모티브이다. 하지만 소년과 소녀에겐 사랑이 있고, 예쁜 장미꽃을

기를 수 있는 나무 상자로 만든 화분이 있기에 그러한 가난은 아무런 문제가 되지 않는다. 특히 여름에 활짝 핀 장미꽃을 보면서 게르다가 카이에게 불러 주는 다음과 같은 노래가 「눈의 여왕」에서 토씨 하나 틀리지 않고 그대로 모두 세 번 반복된다.

> 계곡에 장미꽃이 너무나 아름답게 피어 있어요.
> 거기서 우리는 아기 예수를 보게 될 거예요!

'반복'은 동화의 본질적인 문체 특징으로서 단어나 문장의 반복으로 나타난다. 일반적으로 동화문학에서 반복은 '줄거리 전개의 정확성'을 위해 주로 세 번 사용된다. 따라서 「눈의 여왕」에서 여주인공 게르다가 부르는 쌍으로 운을 맞춘 2행시의 노래가 동화 줄거리 전개의 정확성을 성취하기 위해 세 번 반복되며, 그때마다 매우 의미 있는 주문으로 작용한다. 즉, 첫 번째 노래에서 두 동화 주인공들은 서로의 사랑과 존재의 의미를 예수 그리스도 안에서 확인하고, 일곱 번째 이야기에 나오는 두 번째 노래에서 게르다가 부르는 주문으로 카이가 구원되며, 마침내 마지막 세 번째 노래에서 이 동화의 '행복한 결말'이 성취되는 것이다.

그러나 카이가 구원되어 해피엔딩을 맛보기 전에 동화 주인공에게 꼭 필요한 '가해'가 주어져야 하는데, 바로 첫 번째 이야기에서 등장한 악마의 거울이 그것을 행한다.

커다란 교회 탑의 시계가 바로 5시를 알리는 종을 울리자 -, "아야, 내 가슴이 찌르는 듯이 아파! 지금 내 눈에도 뭔가가 들어갔어!"라고 카이가 말했어요.

왜 악마의 거울 조각이 함께 그림책을 보고 있던 게르다에게는 안 들어가고, 카이에게만 들어갔을까? 그것은 바로 '규정된 줄거리 상황'을 성취하기 위해, 다시 말해, 카이와 눈의 여왕을 만나게 하기 위해, 그리고 눈의 여왕의 나라에 갇히게 될 카이를 게르다가 구해 낼 수 있게 하기 위해 그렇게 소년에게만 거울의 파편이 박히는 것이다.

눈과 심장에 악마의 거울 조각이 박힌 후 카이는 사물을 삐딱하게 보고, 마음은 얼음덩어리처럼 차갑게 변한다. 소년은 심지어 그렇게 좋아하던 장미의 가지를 다 뽑아 버리고, 사랑하는 게르다까지 괴롭히며, 진짜 꽃보다 '눈송이' 관찰에 몰두한다. 악마에 의해 마음이 차가워진 카이는 사랑의 대상을 게르다에서 눈의 여왕으로 바꾸며, 그녀를 만나기 위해 게르다의 곁을 떠나 광장으로 나가 썰매를 탄다. 그때 드디어 본 동화 제목의 주인공인 눈의 여왕이 큰 썰매를 타고 등장한다.

썰매를 타고 있던 사람이 고개를 뒤로 돌렸고, 마치 서로 아는 사이인 양, 카이에게 다정하게 고개를 끄덕였어요. […] 썰매를 몰았던 사람이 일어섰어요, 모피와 모자는 현란한 눈으로 만든 거예요. 키가 크고 늘씬한, 윤기 나는 하얀 피부의 숙녀 분이었죠

— 그 분이 바로 눈의 여왕이었어요.

안데르센의 다른 동화들 「인어공주」·「성냥팔이소녀」·「엄지공주」·「미운오리새끼」·「나이팅게일」 등에서는 동화의 제목과 동화 주인공이 일치하는 반면에, 「눈의 여왕」은 제목과 주인공이 일치하지 않는다. 곧, 「눈의 여왕」의 주인공은 눈의 여왕이 아니라 카이와 게르다이다. 따라서 눈의 여왕은 가짜 주인공이며, 눈으로 만들어진 존재이다. 그녀는 안데르센이 어린 시절에 구상했던 '소원 환상'의 결정체이기에, 피부가 하얗고, 눈부시게 빛나며, 키가 크고 날씬한 미인이다. 외모 콤플렉스에 시달리던 안데르센은 한겨울에 펑펑 쏟아지는 함박눈을 바라보면서 온 세상이 하얗게 뒤덮인 눈의 세상을 지배하는 자가 눈의 여왕일거라 생각하고, 그 환상을 그의 동화에서 환생시킨 것이다.

동화 주인공은 자기가 태어나 어린 시절을 보낸 도시나 마을을 떠나서 세상을 편력해야만 하는 '방랑자'이기 때문에, 카이는 썰매를 타고 눈의 여왕과 함께 '숲과 호수, 바다와 육지 위를' 날아다닌다. 썰매가 날아다닌다니, 이미 현실 세계와 거리가 먼 동화 세계에 깊이 들어와 있는 안데르센의 환상 세계가 묘사되며, 언젠가 그 상상이 실현될 것이라는 믿음 가운데 작가는 마음껏 동화적 상상력을 「눈의 여왕」에서 피력하는 것이다.

눈의 여왕의 두 번의 입맞춤에 의해 카이는 게르다도 할머니도 다 잊어버린 채, 완전히 눈의 여왕에게 매료되며, 그녀를 세상에서 가장 아름답고 완벽한 여인으로 간주한다. 그래서 카이는 게르다가 아니라 눈의 여왕 곁에서 잠을 잔다.

> 카이는 길고 긴 겨울밤에는 달을 바라보았고, 낮에는 눈의 여왕의 발아래서 잠을 잤어요.

3) 요술쟁이 노파의 꽃밭

안데르센은 창작동화의 일인자답게 세 번째 이야기의 서두문에서 카이 없이 홀로 지내는 게르다를 묘사함으로써, 독자들의 시선을 저승에서 이승으로, 환상의 세계에서 현실의 세계로 180도 돌려놓는다. 왜냐하면, 카이와 눈의 여왕이 눈썰매를 타고 날아간 곳이 저승, 곧 환상의 세계라면, 게르다가 머물고 있는 곳은 이승, 곧 현실의 세계이기 때문이다.

카이가 출발했던 고향도시에서는 아무도 눈의 여왕과 함께 떠난 그의 행방에 대해 알지 못한다. 그의 가족도, 연인도 그저 슬픔에 잠겨 눈물을 흘릴 뿐이다. 카이의 행방불명, 사실 동화의 주인공은 방랑자로서 세상 끝까지 편력해야만 하는 것이기에, 카이가 눈의 여왕을 만나 그녀의 나라로 방랑하는 것이 지극히 동화적이라면, 카이의 행방불명에 대해 슬퍼하고 흐느껴 우는 것은 반동화적이라고 말할 수 있다. 다시 말해, 동화의 등장인물들에겐 신체적 · 정신적 깊이가 없기 때문에, 그렇게 카이의 행방불명에 대한 게르다와 가족의 '정신적인 근심'은 반동화적이라고 할 수 있다.

그럼에도 불구하고 여주인공 게르다도 프로프의 등장인물들의 기능들 중 열한 번째 기능 '주인공이 집을 떠난다'에 맞춰 행방불명된 카이를 찾기 위해 집을 떠난다. 게르다는 자신의 내면적 자각이나 흥분에 의해 방랑하는 게 아니라, 자연적 존재인 '햇빛'과 '제비'의 카이가 살아 있을 거라는 '충고'에 의해 방랑하는 것이다.

여기서 인간과 자연 존재와의 극히 자연스럽게 말을 주고받는 '의인화'가 나타나는데, 이 의인화 현상은 동화의 독특한 특징으로서 「눈의 여왕」의 규정된 줄거리의 성취를 위해 지속적으로 영향을 미친다. 곧 세 번째 이야기에 등장하는 '참새들', '장미', '참나리', '나팔꽃', '작은 갈란투스', '히아신스', '민들레', '수선화' 등이 의인화되어 여주인공에게 위로의 노래와 아름다운 동화들을 들려준다.

안데르센은 요술쟁이 노파가 만들어 놓은 꽃밭답게, 6개의 꽃들을 통해 동화 속에서 6편의 동화를 들려줌으로써 동화적 신비로움을 강조한다. 그러나 작가가 삽입한 동화 속의 동화는 동화 줄거리 전개에 직접적인 영향을 미치지 않는 곁줄거리이며, 창작동화의 진수를 엿볼 수 있는 의도적인 작업이다.

마치 그림 동화 「헨젤과 그레텔」에 나오는 숲 속의 과사로 만든 집에 살고 있는 요술쟁이 노파처럼, 안데르센 동화 「눈의 여왕」의 세 번째 이야기에 등장하는 요술쟁이 노파도 게르다를 꾀어서 자신의 정원에 붙잡아 두려 한다.

> "너무나 예쁘고 귀여운 소녀를 나는 너무나 기다렸단다."라고 노파는 말했어요. "이제 우리 둘이 함께 얼마나 잘 살아갈지 알게 될 거란다."

헨젤과 그레텔을 잡아먹기 위해 숲에서 기다리던 그림 동화의 사악한 노파와는 다르게, 안데르센 동화의 노파는 나쁜 존재가 아니다. 그녀는 단지 외로워서 게르다와 함께 자기의 정원에서 지내려고 'T자형 지팡이'와 '빗'으로 요술을 부리는 여자 마법사이다. 여기서 '지팡이'와 '빗'은 동화의 '주어진 물건'이며, 등장인물들을 연결시켜 주는 고리 역할을 한다. 또한 정원은 세상에 대한 피난처요, 안식처를 의미한다. 그래서 여주인공은 그곳에서 카이를 찾아야 한다는 방랑의 목적을 망각한 채, 오랫동안 '여왕처럼' 지낸다. 하지만 규정된 동화 줄거리의 성취를 위해 노파가 요술을 부려 땅 속에 숨겨 놓은 장미를 게르다는 '뜨거운 눈물'로 다시 피어나게 한다. 따라서 카이와 게르다의 공감각적 매개체인 장미가 여주인공에게 방랑의 목적을 일깨워 앞으로 나아가게 한다. 게르다는 바로 카이에 대한 사랑의 상징인 장미를 통해 세상 끝까지 계속 방랑하는 것이다.

동화의 등장인물들이 자기가 맡은 역할을 하고는 줄거리의 선상에서 사라지듯이, 세 번째 이야기의 요술쟁이 노파도 더 이상 여주인공을 방해하거나 가해하지 않고 줄거리 선상에서 자취를 감춘다. 그래서 게르다는 노파 곁에 더 이상 머무르지 않고 카이를 찾기 위해서 길을 재촉한다.

그녀(게르다)는 계속 가기 위해 몸을 일으켰어요.

4) 왕자와 공주

게르다가 카이를 찾기 위해 계속 방랑하는 중에 '한 마리 커다란 까마귀'를 만난다. 안데르센은 네 번째 이야기의 서두 부분에서 까마귀를 등장시켜, 그로 하여금 왕자와 공주의 이야기를 독자에게 내레이션하게 한다. 모두 일곱 가지 이야기들 중에 중심이야기인 네 번째 이야기에서 작가는 또 하나의 동화를 삽입하여 곁줄거리 양식으로 「눈의 여왕」의 줄거리를 진행한다.

까마귀는 조력자로서 여주인공에게 왕자와 공주에 대해 이야기해 줌으로써, 마치 게르다가 카이를 곧 만날 수 있을 것이라는 기대감을 갖게 한다. 더욱이 안데르센은 까마귀의 약혼자를 등장시켜 의인화 기법이 극에 달하게 하며, 인간과 자연이 조화를 이루는 동화적 유토피아를 묘사한다. 특히 작가는 눈의 여왕의 하얀색과 까마귀의 검은색의 극단적인 대조를 통해 고정된 기독교적 색깔이 상징하는 개념을 뒤집어 놓는다. 즉, 일반적으로 하얀색이 선과 천사를 암시하고 검은색이 악과 악마를 의미하는 반면에, 여기에서는 검은색의 까마귀가 선한 역할, 천사의 역할을 행하게 하고, 하얀색의 눈의 여왕이 악한 역할, 악마의 역할을 행하게 하는 것이다.

이러한 기존 관념의 틀을 깨뜨리는 그의 시도는, 자신의 인생 체험과도 무관하지 않다. 다시 말해, 안데르센은 자신의 외모 콤플렉스와 이룰 수 없는 사랑이 동시대 사람들의 고정된 선입견과 편견에서 왔다고 인식하고, 그것을 동화 속에서 극복하려고 시도한 것이다. 괴테가 여성과의 사랑의 체험을 작품으로 승화했듯이, 안데르센도 자신의 부정적 아니마를 동화를 통해 긍정적으로 승화시켜 묘사한 것이다.

까마귀가 들려주는 왕자와 공주의 이야기에서 공주와 결혼하게 될 왕자를 게르다는 카이로 인식한다. 그녀에게는 사랑하는 이에 대한 그리움이 너무 커서 까마귀가 들려주는 왕자에 대한 인상착의가 꼭 카이와 일치하는 것처럼 보인다.

> "그건 카이야!"라고 게르다는 환호했어요. "오, 이제야 그를 찾았나봐!" […] "그건 카이가 틀림없어."라고 게르다가 말했어요. […] "그래, 틀림없어! 그건 카이야!"라고 게르다가 말했어요.

위와 같은 외침과 함께 여주인공은 더 이상 참을 수가 없어 까마귀와 함께 직접 여왕의 성안으로 들어간다. 성안에서 일하는 까마귀의 약혼녀를 따라 게르다는 마침내 왕자와 공주의 침실에 도착했고, 빨간색 침대에 누워 있는 왕자에게 다가가 큰 소리로 카이의 이름을 불렀다. 다시금 안데르센은 원색을 좋아하는 동화의 특성에 따라 공주의 침대는 하얀색으로, 왕자의 침대는 빨간색으로 묘사한다. 그러나 깨어난 왕자는 카이가 아니었다. 그는 '젊고 잘 생긴' 왕자였다. 게르다가 요술쟁이 노파의 정원에서 꿈꿨던 여왕의 모습이 여기서 공주와 동일시되며, 그 공주의 배필이 될 왕자는 바로 카이의 '도펠갱어Doppelgänger'로 간주되는 것이다.

아무튼, 왕자와 공주에게 게르다는 카이를 찾는 과제에 대해 설명한다. 게르다는 그들의 도움으로 '장화'와 '토시' 그리고 '황금마차'를 얻어 타고, 그녀에게 주어진 과제를 성취하기 위해 다섯 번째 이야기로 넘어간다.

5) 도적의 딸

안데르센은 「눈의 여왕」의 다섯 번째 이야기에서 '도적의 어린 딸'을 등장시켜 주인공을 구해 주고 도와주는 조력자의 역할을 행하게 한다. 깊은 숲 속에서 도적들이 게르다가 타고 있는 황금마차를 습격하여 마부와 하인을 죽이고, 게르다를 끌어내어 죽이려는 순간에, 도적의 딸이 끼어들어 여주인공을 구해 낸다.

“그 애는 나와 함께 놀아야 해.”라고 도적의 어린 딸이 말했어요. “그 애는 내게 토시와 예쁜 옷을 줘야 하고, 내 침대에서 같이 자야 해.”

‘도적의 아내’, 곧 그 소녀의 어머니가 게르다를 죽이려는 순간에, 도적의 딸은 엄마의 귀를 깨물어서 게르다를 구해 낸 것이다. 하지만 그 딸은 게르다를 장난감처럼 가지고 놀다가 필요 없으면 죽이려고 잠시 살려 둔 것뿐이다. 사실 ‘감정의 세계’가 없는 동화 인물들에게 이런 극적인 상황을 연출하는 것은 안데르센의 뛰어난 창작 능력이다. 그렇기 때문에 죽음의 순간에 주인공을 살려 내는 기발한 아이디어가 작가의 뛰어난 기지의 발휘라고 말할 수 있다. 아무튼, 여주인공이 울면서 자신이 겪은 일과, 카이를 구해 내야 한다는 고백을 도적의 딸에게 전함으로써, 동화의 줄거리는 새로운 국면으로 접어들며, 다시금 인간과 자연의 교제와 조화로 이어진다.

그래서 도적의 소굴에서 어린 딸과 게르다는 ‘비둘기’와 ‘산비둘기’ 그리고 ‘순록’과 대화를 나누며, 경이로운 밤을 지새운다. 마치 그림 동화 「신데렐라」에 등장하는 비둘기처럼, 산비둘기들이 여주인공에게 카이에 대한 정보를 제공한다.

“우리가 작은 카이를 보았어요. 하얀 닭이 그의 썰매를 끌고 갔어요. 그는 눈의 여왕의 마차에 앉아 있었죠.” [⋯] “그녀는 분명히 라플란드로 갔어요. 왜냐하면 그곳은 항상 눈과 얼음이 있기 때문이죠."

만년설과 동토의 나라 라플란드, 그곳은 실제로 스칸디나반도의 북부에 위치한 나라이다. 안데르센은 말로만 듣고 가고 싶었던 그곳을 「눈의 여왕」에서 묘사함으로써, 현세의 미지의 땅을 동화 속의 신비한 나라로 재탄생시키는 것이다.

이제 도적의 딸은 라플란드 출신인 순록에게 게르다를 그의 등에 태우고, '털장화'와 '벙어리장갑' 그리고 '빵 두 개와 햄 하나'를 주면서, 목적지까지 안전하게 데려다주기를 당부한다. 악한 떼강도 밑에서 태어나서 자란 도적의 딸을 작가는 착한 소녀로 만듦으로써, 자신의 처지, 곧 열악한 환경이 문제가 아니라 타고난 천성이 중요하다는 소신을 간접적으로 피력하는 것이다. 그래서 게르다는 순록을 타고 목적지로 떠난다.

순록은 그곳을 떠나 밤낮없이 빠르게 달렸어요. [...] 드디어 그들은 라플란드에 닿았어요.

6) 주기도문

안데르센은 「눈의 여왕」의 여섯 번째 이야기의 제목을 "라플란드 여인과 핀란드 여자"로 정했지만, 본 장에서는 구원의 문제의 핵심이 되는 "주기도문"이라는 제목을 붙여 보았다. 그 이유는 본 장의 서두 부분에서 밝혔듯이, 안데르센은 루터교의 신앙 아래서 자라났고, 많은 그의 작품 속에서 그 신앙고백을 직접 서술하기 때문이다. 「눈의 여왕」에서도 이미 두 번째 이야기에서 남자 주인공 카이가 눈의 여왕의 커다란 썰매에 매달려 끌려갈 때, 무서워서 기도하려는 장면이 다음과 같이 묘사된다.

> 그는 너무 무서워서 주기도문을 외우며 기도하려고 했어요. 그러나 그는 단지 구구단을 생각해 낼 수 있었답니다.

주기도문은 예수 그리스도가 제자들에게 가르쳐 준 기도문이요, 기도의 본보기이다. 특히 루터교 신앙고백의 첫 번째 요소가 모든 기도를 드릴 때 주기도문을 먼저 외우고 나서 개인 기도를 드리는 것이다. 대부분의 크리스천들은 기본적으로 주기도문을 암송하고 있다. 안데르센은 동화의 두 주인공 카이와 게르다를 통해 주기도문의 효용성을 검증하는 듯한 인상을 준다. 즉, 위의 인용문에서는 남자 주인공이 무서운 상황에서 주기도문을 외우려고 했지만 구구단을 암송하게 된 반면에, 다음의 인용문에서는 여자 주인공이 주기도문을 암송함으로써 추위와 두려움을 이겨내니 말이다.

> 그들은 눈의 여왕의 전초병들이었어요. [···] 모두는 살아 있는 눈송이들이었죠. 그러자 어린 게르다는 주기도문을 암송했어요. [···] 그 입김이 점점 더 커졌고, 작고 밝은 천사로 변했어요.

[…] 모든 천사들은 머리 위에 투구를 썼고, 손에는 창과 방패를 들고 있었죠. 그들은 점점 더 많아졌고, 게르다가 주기도문을 끝마쳤을 때는, 한 군단의 천사들이 그녀를 에워쌌어요. 그들이 창으로 무시무시한 눈송이들을 찌르자, 수백 개의 조각으로 부서졌어요.

주기도문에는 일곱 가지 소원이 들어 있다. 첫 번째 소원이 "이름이 거룩히 여김을 받으시오며"이고, 두 번째 소원은 "나라가 임하옵시며"이며, 세 번째 소원이 "뜻이 하늘에서 이룬 것같이 땅에서도 이루어지이다"이고, 네 번째 소원은 "오늘날 우리에게 일용할 양식을 주옵시고"이며, 다섯 번째 소원이 "우리가 우리에게 죄지은 자를 사하여 준 것같이 우리 죄를 사하여 주옵시고"이고, 여섯 번째 소원은 "우리를 시험에 들게 하지 마옵시고"이며, 일곱 번째 소원이 "다만 악에서 구하옵소서"이다.

이와 같은 일곱 가지 소원이 근간을 이루는 주기도문을 통해 기도는 하나님께 자신의 소원을 청하는 일임을 알 수 있다. 그래서 안데르센은 예수 그리스도처럼, 하나님의 이름이 거룩하게 되고, 하나님의 나라가 오기를 소망하며, 하나님의 뜻이 하늘에서 이루어진 것처럼 땅 위에서도 이루어지고, 오늘날 우리에게 날마다의 양식을 주시길 바라며, 우리가 우리에게 죄지은 자들을 용서한 것같이 우리 죄를 용서해 주시고, 우리를 유혹에 빠지지 않게 하시며, 오히려 우리를 악에서 구해 달라고 「눈의 여왕」에서 기도하는 것이다.

이러한 주기도문을 외우지 못한 카이에게선 기도의 응답이 나타나지 않았지만, 주기도문을 외운 게르다에게선 놀라운 능력을 발휘한다. 곧, 그녀가 주기도문을 외우자, 군단 병력의 천사들이 나타나서 그녀를 보호하며, 적군을 모두 물리쳐서 무사히 눈의 여왕의 성으로 인도하니 말이다.

그러나 그전에 여주인공은 순록을 타고 라플란드의 여인과 핀란드의 여자 집을 방문한다. 먼저 라플란드 여인의 집에서 게르다는 약간의 요기를 하고 몸을 녹인 후, 그녀가 써준 메모를 들고 곧바로 핀란드 여자의 집으로 간다. 작가의 표현대로 '100마일 이상' 떨어진 핀란드의 지역적인 거리감은 실제로는 멀리 느껴지겠지만, 정신적으로는 그렇게 멀리 떨어진 것 같지 않게 느껴진다. 이것이 바로 '기하학적 일직선상의 동화나라'이며, 일차원의 공간에서 평면적으로 나란히 놓여 있는 환상의 세계를 의미하는 것이다.

그래서 게르다는 순록을 타고 밤새 달려 핀란드 여자의 집에 도착한다. 라플란드의 여인이 조력자로서 단순히 '주인공의 공간중개'의 역할을 행했다면, 핀란드 여자는 조력자로서 카이가 눈의 여왕과 함께 있다는 사실과, 그 아이의 눈과 심장에 깨진 거울 조각이 박혀 있다는 사실과, 게르다의 순수한 마음만이 카이를 구해 낼 수 있다는 방법을 여주인공에게 알려 주는 '불행 및 결핍 요소의 청산'과 '어려운 과제의 해결'의 역할을 행하는 것이다. 그래서 게르다는 카이가 머물고 있는 눈의 여왕의 성으로 서둘러 간다.

7) 게르다와 카이의 눈물

안데르센은 「눈의 여왕」의 마지막 일곱 번째 이야기의 제목을 "눈의 여왕의 성에서 일어난 일과 나중에 벌어진 일"이라고 붙였지만, 본 장에서는 "게르다와 카이의 눈물"이라는 제목으로 변형시켰다. 그 이유는, 본 장에서 주제로 정한 구원의 문제가 두 주인공의 '눈물'에 의해 성취되기 때문이다. 기쁨의 눈물, 슬픔의 눈물, 참회의 눈물, 분노의 눈물 등 눈물의 종류는 다양하지만, 게르다와 카이의 눈물은 슬픔의 눈물로 시작해서 기쁨의 눈물로 승화되어 흐르는 구원의 눈물이다.

우선 눈의 여왕은 '이성의 거울'이라는 얼어붙은 호수의 얼음 조각으로 '영원'이라는 글자를 만들어 맞추면 자유를 주겠다는 과제를 부여한다.

> "네가 나의 이러한 글자를 맞춘다면, 너는 자유를 얻을 수 있지. 그리고 너에게 세상 전부와 한 켤레의 새 스케이트를 선물하겠어."

마치 예수 그리스도가 광야에서 40일 동안 금식하면서 수도할 때, 마귀가 나타나 자기에게 경배하면 이 세상을 주겠다고 말한 그 장면처럼. 눈의 여왕의 과제는 그 악마의 옵션과 비슷하다. '이성의 거울'이라는 호수. 수천 개로 금이 가 있는 꽁꽁 얼어붙은 호수는 냉정하고 차가운 존재. 곧 이성적 인간을 암시한다. 다시 말해. 크리스천이 신앙생활을 할 때. 너무 기복신앙에 매달리면 이성적으로 비웃음과 비난을 받을 수 있기 때문에. 작가는 '이성' 또한 조물주의 선물이므로 이성과 감성의 조화로운 신앙생활을 강조하기 위해 이러한 과제를 부여하는 것이다.

그 '영원'이라는 단어가 바로 구원의 문제의 핵심어이기 때문에. 그 단어를 맞추는 일이 진정한 회개와 사랑의 깨달음의 완성인 것이다. 그렇게 주기도문의 마지막 구절에서 '영원히'라는 단어로 기도문을 마무리하는 것이다.

그러나 카이는 그 단어를 맞출 수가 없다. 아직도 눈과 심장에 악마의 거울 파편이 박혀 있기 때문에. 자신에게 부여된 어려운 과제를 스스로 해결할 수 없다. 눈의 여왕은 남자 주인공에게 과제를 부여한 후. 동화 줄거리 선상에서 완전히 사라진다. 동화의 인물들은 '종이로 만든 인물들'이기에 자신의 주어진 역할을 행하고는 특별한 관련 없이 줄거리 선상에서 사라지는 것이다.

눈의 여왕이 사라진 후. 바로 게르다가 등장한다. 열심히 '저녁기도'에 몰두하면서 여주인공은 마침내 카이를 발견한다.

"카이! 사랑하는 카이야! 이제야 내가 너를 찾았구나!"

하지만 카이는 게르다를 알아보지 못한다. 이미 심장과 눈에 악마의 거울 파편이 박혀 있고, 눈의 여왕의 키스에 의해 세상일을 잊어버린 카이는 마음이 차가워질 대로 차가워진 상태이기 때문에, 사랑하는 여인을 알아보지 못하는 것이다. 하지만 게르다가 '뜨거운 눈물'을 흘리고, 그 눈물이 남자 주인공의 가슴에 떨어져 심장을 파고들자, 그의 심장에 박혀 있던 악마의 거울 조각이 다 녹아 버렸다. 카이는 꿈에서 깨어난 듯 게르다를 알아보며, 그 역시 뜨거운 눈물을 흘리자, 이번에는 그의 눈에 박혀 있던 거울 조각이 씻겨 나갔다. 슬픔의 눈물이 기쁨의 눈물이 되고, 회개의 눈물이 구원의 눈물로 승화되자, 호수의 얼음덩어리들은 저절로 '영원'이라는 단어로 조합된다. 마침내 눈의 여왕의 어려운 과제가 두 사람의 뜨거운 눈물과 사랑의 키스에 의해 해결되는 것이다.

이제 두 주인공은 손을 잡고 집으로 돌아간다. 마치 헨젤과 그레텔이 마녀의 집에서 풀려나 집으로 귀향하듯이, 카이와 게르다도 눈의 여왕의 성에서 벗어나 집으로 돌아가는 것이다. '귀환'에서 두 사람은 그동안 게르다를 도와준 순록, 핀란드 여자, 라플란드 여인, 도적의 딸 등을 다시 만나 도움을 받는다. 안데르센은 창작동화 작가답게 한번 등장한 인물들을 다시 한 번 등장시킴으로써, 독자들에게 보다 합리적이고 이성적인 결말로 동화가 진행되고 있다는 점을 강조하는 것이다.

동화 초반부에서 소년과 소녀로 시작한 카이와 게르다는 어느 듯 동화 후반부에서 '성인'이 되었다. 사실 동화문학에서는 '시간의 차원'이 없다. 다시 말해, 동화에 등장하는 인물들 속에는 젊은 사람과 늙은 사람만이 존재하지 늙어가는 사람은 존재하지 않는다. 그래서 「잠자는 숲 속의 공주」에서 100년 후에 깨어난 공주의 모습이 100년 전의 모습과 동일하고, 「백설 공주」에서 일곱 살 먹은 공주가 나중에 왕자와 결혼하는데 아무런 시간의 흐름을 느낄 수가 없다. 하지만 안데르센은 한 차원 높은 창작동화의 형식을 그의 동화에서 보여주기 위해, 계절의 변화에 따른 시간의 흐름과, 소년과 소녀에서 의젓한 청년과 아름다운 숙녀로의 성장을 서술하는 것이다.

안데르센은 그의 창작동화를 통해 어린이들에게 '모험'을 보여줌으로써 불굴의 의지를 갖게 하며, 동시에 어른들에게는 이미 죽어 버린 동심을 일깨워 다시금 순수한 인간애를 꽃피우려고 한다. 더욱이 그는 여주인공의 '주기도문'과 '저녁기도'를 통해 모든 어려운 과제가 해결되게 함으로써 신실한 믿음의 필요성과 구원의 목적을 피력한다. 그래서 작가는 「눈의 여왕」의 마지막 부분에서 다음과 같은 성경 구절로 자신의 신앙고백을 완성하는 것이다.

"너희가 어린아이들같이 되지 아니하면, 결단코 하늘나라에 들어가지 못하리라!"

안데르센이 처음에는 극작가로, 그 다음엔 소설가와 시인으로 유명세를 얻으려고 했지만, 결국 동화작가로서 그는 세계적 명성을 얻었다. 동화는 서사적·극적 형태를 한 서정적 표현이다. 안데르센은 이러한 서정적·서사적·극적인 요소가 모두 포함된 동화문학에서 자신의 순수한 환상을 조화롭게 표현하며, 특히 인간과 자연과 사물과의 소통을 의인화 기법을 통해 성취하였다.

더욱이 19세기 동시대 사람들이 동화를 시대적 문화 양상에 따라 기독교적으로 채색하는 데 급급한 반면에, 안데르센은 루터교 신앙에 따른 순수한 신앙고백을 동화문학에서 의도적으로 승화시켜 표현하였다. 그렇게 「눈의 여왕」에서 작가는 주기도문을 통한 구원의 문제를 종교적으로 다루었고, 그 궁극적인 목표는 하늘나라에 들어가는 것, 곧 영원한 생명을 얻는 것이다.

이러한 종교적 신념뿐만 아니라, 안데르센은 그의 동화에서 다양한 동화적 특징들, 곧 일차원성, 평면성, 과제부여와 과제해결, 반복, 추상적 문체, 출발 상황, 방랑, 등장인물들, 동화의 소도구, 하사품, 가난의 모티브, 행복한 결말, 규정된 줄거리 상황, 곁줄거리, 반동화, 의인화, 도펠갱어 모티브, 귀환 등을 필요한 시기에 필요한 곳에 알맞게 묘사한다. 그러므로 안데르센은 몇몇 비평가들에 의해 혹평되기도 하지만, 여전히 '창작동화의 아버지'라는 칭호를 받기에 부족함이 없고, 앞으로도 시대적·역사적 요구에 따라 그림 동화와 더불어 가장 인기 있는 동화 콘텐츠로 자리매김할 것임을 확신한다.

소원 성취

그림 동화 「어부와 그의 아내에 대하여Von dem Fischer un syner Fru」에서는 무엇보다도 인간의 무의식 층에 자리 잡은 '소원 성취'가 의식화되어 나타난다. 동화는 소원 성취의 소산물이다. 동화는 '경이로운 이야기'로서 인간이 소원하는 일을 놀랍게도 다 성취한다. 특히 그림 동화는 오래전부터 내려오던 '민중의 이야기'를 수집하여 정리한 책이기 때문에, 인간의 소원 성취가 어느 동화책보다도 잘 묘사되어 있다.

210편에 달하는 그림동화집 가운데 본 장에서 다루려는 「어부와 그의 아내에 대하여」라는 동화에서는 이러한 소원 성취의 문제가 가장 적나라하게 드러나 있으며, 무엇보다도 어부의 아내의 욕심이 끝없이 전개됨으로써 집단적 무의식에 자리 잡은 악처에 대한 남성적 콤플렉스가 상징적으로 묘사되고 있다. 더욱이 그림 형제는 '넙치'를 '의인화'하여 동화 주인공과의 소통을 가능케 하며, 소원을 성취시키는 조력자의 역할을 행하게 한다.

따라서 본 장에서는 어부의 아내가 열망하는 여섯 가지 소원 성취를 '작은 집'과 '성'의 물건에 대한 소원 성취와, '왕'·'황제'·'교황' 그리고 '하나님'의 권력에 대한 소원 성취로 나누어서 분석해 보고, 인간의 무의식 속에 잠재한 욕심이 얼마나 큰지, 또한 무한한 욕망이 종국에 가서는 어떤 결말을 초래하는지 등을 알아보기로 한다.

1) 물건에 대한 소원 성취

그림 동화 「어부와 그의 아내에 대하여」의 서두문은 전형적인 전래동화의 형식으로 시작된다.

> 옛날에 한 어부와 그의 아내가 있었는데, 그들은 함께 바닷가 가까이에 있는 한 작은 오막살이에서 살았어요. 어부는 매일매일 바닷가에 나가서 낚시를 했어요.

이미 동화의 제목에서 알 수 있듯이, 이 동화의 주인공은 어부와 그의 아내이다. 그들은 매일 낚시를 해야만 끼니를 연명할 수 있는 가난한 환경에서 살고 있다. '가난'이 동화의 세속적 모티브로서 동화의 서두를 장식하며, 여주인공의 소원 성취 욕망의 근본적인 원동력으로 간주된다.

(1) 작은 집

일반적으로 동화에서 어린이들의 도덕적 · 종교적 교육을 위해 남자는 능동적이고 강하며, 영리하고 지배적인 반면에, 여자는 수동적이고 연약하며, 어리석고 헌신적으로 묘사된다. 따라서 그림 동화 「어부와 그의 아내에 대하여」에서도 남자 주인공과 여자 주인공이 모습이 그렇게 그려져야 하건만, 오히려 정반대로 그려지고 있다. 즉, 남자 주인공인 어부가 수동적이고 유약하며, 어리석고 헌신적인 모습으로 그려진 반면에, 여자 주인공인 그의 아내가 능동적이고 강하며, 영리하고 지배적인 모습으로 묘사되니 말이다. 그래서 어부의 아내는 넙치 한 마리를 잡았다가 놔주었다는 어부에게 다시 가서 첫 번째 소원을 전할 것을 명령한다.

> "다시 한 번 가서 그를 부르세요. 우리가 작은 집 한 채를 갖고 싶다고 그에게 말해요. 그가 확실히 그것을 해줄 거예요."

'한 채의 작은 집'이 어찌 보면 욕심 많은 여자에겐 어울리지 않는 소원이지만, 가난한 오막살이를 하던 처지에서 작은 집은 그녀에게 최상의 소원으로 간주된다. 수동적이고 유약한 남편에게 능동적이고 강한 아내가 작은 집의 소유에 대한 소원 성취를 과제로서 부여하는 것이다.

하지만 동화의 원래 취지가 어린이를 위한 이야기이고, 그들에게 권선징악의 도덕적 교육서가 되기를 희망하기 때문에,

이러한 '극단적인 대조'가 다양한 동화 인물들에게 자연스럽게 적용된다. 다시 말해, 아주 착하고 아름다운 인물에게는 아주 사악하고 추한 인물이, 또는 매우 가난하고 부지런한 인물에게는 매우 부유하고 게으른 인물이 대조적으로 쌍을 이룬다. 그래서 동화 주인공이 매우 어리석고 부유한 왕인 경우에는 매우 가난하고 부지런한 농부의 딸과 결혼하며, 반대로 아주 착하고 아름다운 공주는 아주 사악하고 추한 거지와 맺어지는 것이다.

사실 오늘날 이러한 어부와 그의 아내 같은 커플이 자주 눈에 띈다. 더 이상 종속・순종・부지런함・인내가 여성의 아름다움이 아니고, 극기・예의・끈기・리더십이 남성의 멋이 아니다. 여성 같은 남자, 남성 같은 여자가 오히려 인기를 끌고 있는 시대이니, 그림 형제가 어부와 그의 아내의 대조적인 인물묘사를 통해 미래의 남녀의 모습을 예견한 것이라 할 수 있다. 그래서 동화를 쓴다는 것은 '마법적인 행위'이며, 순수한 인간의 삶을 풍요롭게 하는 위대한 창작이다.

어부가 아내의 명령에 따라 바다에 도착했을 때, 처음에 맑았던 바다의 색깔이 '파랗고 노랗게' 변했다. 어부가 자신의 직업에 맞게 바다로 나갔을 때는 맑고 깨끗했던 바다의 모습이, 그의 아내의 과제부여에 따라 낚시가 아니라, 소원 성취의 과제해결을 위해 방문했을 때마다 바다의 색깔과 모습은 변한다. 즉, 어부는 모두 일곱 번 바다를 방문하는데, 첫 번째만 자기 의지로 방문한 것이고, 나머지 여섯 번은 그의 아내의 요구에 의해 방문한 것이다. 따라서 이러한 '반복'은 '상승'과 결합하여 나타나며, 그때마다 바다의 색깔과 모양이 ① 맑은 물 → ② 파랗고 노란색 → ③ 보라색, 검푸른 색, 회색 → ④ 검은 회색, 악취 → ⑤ 시커멓고 탁함 → ⑥ 높은 파도 → ⑦ 높은 검은 파도로 상승되어 묘사되는 것이다. '반복'과 '상승'은 동화의 독특한 문체 특징으로서 '줄거리 전개의 정확성'을 위해 사용된다. 더욱이 맑은 물에서 시커먼 물로의 상승 변화가 동화 줄거리의 결말이 불행으로 끝날 것이라는 점을 예고한다.

또한 어부가 그의 아내의 소원을 성취시키기 위해 바다에 살고 있는 넙치에게 외치는 다음과 같은 주문이 토씨 하나 틀리지 않고 여섯 번 반복된다.

> "난장아, 난장아, 팀페테야,
> 넙치야, 바다 속의 넙치야,
> 내 아내 일제빌이
> 내가 원하는 것처럼 그렇게 원하지 않는구나."

aabb의 쌍각운으로 운을 맞춘 어부의 주문이 여섯 번 반복되지만, 상승과 결합되어 나타나지는 않는다. 다시 말해, 동화문학에서 즐겨 쓰는 문체양식인 반복은 상승과 결합되어 나타나기도 하고, 또는 그냥 상승 없이 반복만으로 지속될 수도 있다는 것이다. 더욱이 반복과 상승이 다음의 넙치의 화답에서 알 수 있듯이, 동일하게 또는 약간씩 변화되어 묘사되기도 한다.

① "가보세요. 그녀는 이미 그것을 가졌어요."

② "가보세요. 그녀가 문 앞에 서 있을 거예요."

③ "가보세요. 그녀는 이미 그것일 거예요."

④ "가보세요. 그녀는 이미 그것일 거예요."

⑤ "가보세요. 그녀는 이미 그것일 거예요."

⑥ "가보세요. 그녀는 이미 다시 어부의 오막살이에 앉아 있을 거예요."

사실 동화문학에서 '6'이란 숫자는 낯선 숫자이다. 오히려 '7'이 '3' 다음으로 가장 빈번하게 언급되는 숫자이다. 그림 형제가 「어부와 그의 아내에 대하여」에서 여섯 번의 과제부여와 과제해결에 대해 언급한 것은, 바로 어부의 아내의 과도한 소원 성취를 불완전하게 매듭짓게 하기 위해서이다. 그림 동화 「백설 공주」에서 왕비와 마법의 거울이 주고받는 대화가 일곱 번 반복됨으로써 '규정된 줄거리 상황'을 성취하여 완전하게 여주인공의 해피엔딩을 이끄는 반면에, 「어부와 그의 아내에 대하여」에서는 어부와 넙치가 주고받는 대화가 여섯 번 반복됨으로써 불완전하게 여주인공의 언해피엔딩을 초래하는 것이다. 비록 해피엔딩이 '동화의 본질'에 속할지라도, 그림 형제는 「어부와 그의 아내에 대하여」에서 언해피엔딩을 선택함으로써 보다 한 차원 높은 전래동화 양식을 보여주며, 지나친 소원 성취의 욕망이 화를 불러올 수도 있다는 도덕적 교훈을 피력하는 것이다.

아무튼, '작은 집'이라는 물건에 대한 소원 성취를 이룬 어부의 아내는 약 '8일 내지 14일'이 지나자, 집이 좁고 작다는 불평과 함께, 커다란 돌로 지은 '성'을 소원 성취의 재물로 요구한다.

(2) 성

인간의 정신과정이 무의식으로부터 시작되기 때문에, 여주인공의 소원 성취에 대한 욕망은 바로 무의식의 의식화 과정에서 표출되는 것이다. 그래서 일제빌은 억압받아 온 지금까지의 소원 성취의 욕망을 합리화시키며, 단계적으로 승화하여 보상받으려는 것이다.

> 성안에는 대리석 바닥으로 된 커다란 현관이 있었고, 거기에 많은 하인들이 있었으며, 그들이 커다란 문을 열어 주었어요. 그리고 벽들은 모두 번쩍번쩍하는 아름다운 양탄자들로 장식되어 있었고, 방 안에는 오로지 황금 의자들과 탁자들이 놓여 있었으며, 크리스털 샹들리에가 천장에 매달려 있었어요. 모든 방들과 침실들은 융단으로 장식되어 있었어요. 식탁 위에는 음식과 최고급의 포도주가 놓여 있었고, 상다리가 부러질 정도였어요. 집 뒤에는 마구간과 외양간, 그리고 마차가 있는 커다란 뜰이 있었고, 모든 것이 최상의 것들이었어요. 또한 거기에는 가장 아름다운 꽃들과 좋은 과일나무가 있는 크고 훌륭한 공원이 있었고, 거의 반마일의 길이로 놓여 있었으며, 사슴과 노루와

토끼가 그 안에서 놀고 있었고, 사람들이 원하는 모든 것이 들어 있었답니다.

"환상 없는 동화문학은 존재하지 않는다."는 오벤아우어Obenauer의 말처럼, 어부의 아내가 소원 성취한 '성'은 환상의 성이요, 동화 속의 성이다. 특히 동화 속에 등장하는 물건들이 금속화되고 광물화되어 나타나듯이, 어부의 아내가 소원 성취한 성도 '대리석'과 '황금' 그리고 '크리스털'로 이루어져 있다. 물론 첫 번째 소원 성취한 '작은 집'에서 등장하는 '주석 그릇과 놋쇠 그릇'도 같은 맥락에서 이해할 수 있다. 다시 말해, 작은 집의 '주석'과 '놋쇠'가 성의 '황금'으로 변한 점이, 물건에 대한 소원 성취의 절정을 이루며, 이후 물건보다는 권력에 대한 소원 성취로 급회전하는 것이다. 왜냐하면 무의식 층에 숨어 있는 권력에 대한 소원 성취가 의식 층으로 올라와 실현되면, 더 많고 훌륭한 물건에 대한 소원 성취는 저절로 권력에 비례하여 이루어지기 때문이다.

2) 권력에 대한 소원 성취

실제로 성을 소유한다는 것은 적어도 영주나 귀족의 권력을 얻은 거나 다름없다. 그럼에도 불구하고 욕심 많은 어부의 아내는 '왕'이 되길 원한다.

(1) 왕

왕이라는 권력에 대한 소원 성취를 여주인공은 성을 소유한지 하루 만에 요구하는 것이다.

> 다음날 아침에 아내가 먼저 깨어났어요. 이미 날이 밝았고, 그녀의 침대에서 자기 앞에 놓인 훌륭한 세상을 보았어요. 남편이 기지개를 펴자, 그녀는 그의 옆구리를 팔꿈치로 찌르면서 "여보, 일어나서 창문 밖을 내다보세요. 우리가 이 나라의 왕이 될 수는 없나요? 넙치에게 가세요, 우리는 왕이 되길 원해요."라고 말했어요.

비록 넙치가 '마법에 걸린 왕자'라고는 하지만, 어부가 단 한 번 잡았다가 놔줬다고 해서 지속적으로 그의 아내의 소원을 들어줘야 하는가? 더욱이 자기가 걸린 마법은 풀지도 못하면서 어떻게 은혜 입은 자의 소원은 모두 들어줄 수 있는가? 동화는 독자에게 '관념연상의 자유'를 주기 때문에, 어부와 그의 아내의 소원 성취만이 클로즈업되며, 동화의 경이로운 유토피아 세계로 몰입하게 되는 것이다. 그래서 이성적이고 의식화된 일반적인 자각으로는 이러한 소원 성취의 동화 줄거리가 이해되질 않겠지만, 어린아이처럼 단순하고 순수한 마음을 가진 자는 그 관념연상의 자유에서 기쁨과 즐거움을 느끼며, '경쾌한 상상력의 유희'를 만끽하는 것이다.

왕의 권력을 소원 성취한 어부의 아내, 그녀가 거처하는 궁전에 대한 묘사가 다시금 다음과 같이 금속화와 광물화되어 표현된다.

> 모든 것이 순수한 대리석과 황금으로 이루어졌고 우단으로 만든 천장과 황금 나뭇잎 장식으로 치장되어 있었어요. 그때 홀의 문들이 열렸어요. 거기에 모든 신하들이 있었고, 그의 아내는 황금과 다이아몬드로 만든 높은 옥좌에 앉아 있었으며, 커다란 왕관을 쓰고 있었고 손에는 순금과 보석으로 만든 왕홀王笏을 들고 있었어요. 그리고 그녀의 양옆으로 여섯 명의 하녀들이 순서대로 서 있었는데 항상 키 순서대로 정렬해 있었어요.

어부의 아내는 이제 여왕으로서 '환상의 순수한 유희'를 만끽하며, 그녀는 왕이라는 권력에 대한 소원을 환상의 즐거움 가운데 성취하는 것이다. 무엇보다도 '대리석'·'황금'·'다이아몬드'·'보석' 등의 물건에 대한 금속화와 광물화가 나타나는데, 그 묘사의 정도가 이미 이전의 '성'에 대한 묘사를 능가하며, 다음에서처럼 황제가 된 후에는 더욱 상승된 금속화와 광물화가 나타난다.

(2) 황제

> 성 전체는 윤이 나는 대리석으로 되어 있었고, 설화석고와 황금 장신구로 치장되어 있었어요. 문 앞에서 군인들이 행군하고 있었고, 그들이 트럼펫을 불고 팀파니와 북을 두드리고 있었어요. 그러나 성안에는 남작과 백작 그리고 공작이 모여 있었고,

마치 하인처럼 행동하고 있었어요. 그들은 그에게 순금으로 만든 문을 열어 주었어요. 그리고 그가 안으로 들어갔을 때. 거기에 그의 아내가 옥좌 위에 앉아 있었는데. 그 옥좌는 한 덩어리의 황금으로 되어 있었고 2마일의 높이였어요. 그리고 그녀는 큰 황금관을 쓰고 있었는데. 그 관은 3엘레의 높이였고. 금강석과 홍옥이 박혀 있었어요. 한 손에 그녀는 왕홀을 들고 있었고. 다른 손에는 권력의 상징인 십자가를 단 지구본을 집고 있었어요.

'대리석'·'설화석고'·'황금'·'금강석'·'홍옥' 등의 물건에 대한 금속화와 광물화가 상승되어 묘사되며. 왕보다 상승된 황제의 권력에 대한 위용을 환상적으로 서술하는 것이다. 더욱이 왕일 때는 서술되지 않은 '남작'과 '백작' 그리고 '공작' 등의 귀족들이 '하인'처럼. 황제가 된 어부의 아내를 떠받치고 있으니. 더 이상의 권력이 없을 것 같은데. 그녀의 욕심은 여기서 멈추지 않는다.

(3) 교황

권력에 대한 소원 성취가 결국 교황으로 이어지는데. 여기서 물건에 대한 금속화와 광물화는 최고점에 도달하게 된다.

거기에는 오식 궁전들로 에워싸인 커다란 교회가 있었어요.

그러자 그는 백성들을 뚫고 들어갔어요. 그 안에는 모든 것이 수천 개의 촛불들로 빛나고 있었고, 그의 아내는 완전히 금으로 옷을 입었고, 훨씬 더 높은 옥좌 위에 앉아 있었으며, 세 개의 커다란 황금관을 쓰고 있었어요.

'황금관'을 세 개씩이나 머리에 쓴 여자 교황, 현실 세계에서는 불가능한 일이지만 동화 세계에서는 가능한 최고 권력의 상징이다. 아무튼 어부의 오막살이가 '작은 집'으로, 작은 집이 '성'으로, 성이 왕의 '궁전'으로, 궁전이 황제의 '성'으로, 성이 교황의 '교회'로 변할 때마다 금속화와 광물화가 점층적으로 상승되어 점점 화려하고 훌륭하게 묘사된다. 이러한 금속화와 광물화로 표현된 동화의 '추상적 문체양식' 가운데 소원 성취의 환상은 극점에 도달하며, 마지막 소원 성취에서 그 환상은 물거품이 된다. 실제로 무거운 황금 옷을 입고 황금관을 세 개씩이나 쓰고 있을 수 있는 사람은 없다. 더구나 여자의 몸으로 그러한 복장을 하고는 잠시도 움직일 수 없고, 황금의 무게 때문에 고개가 꺾여서 곧 죽게 될 것이다. 그럼에도 불구하고, 동화 속에서 이러한 묘사가 가능한 것은 바로 인간의 무의식, 특히 집단적 무의식 속에 잠재되어 있는 소원 성취의 환상이 동화라는 장르를 통해 표출될 수 있기 때문이다. 그래서 괴테Goethe는 동화란 불가능한 일을 조건이 어떠하든지 항상 "가능하게 묘사하는 것"이라고 주장하는 것이다.

(4) 하나님

욕심 많은 어부의 아내는 인간이 오를 수 있는 절대 권력의 자리인 '교황'까지 도달했지만, 자기만족을 못하고 인간의 영역을 벗어난 신의 경지에 도달하려는 '열망'에 사로잡힌다. 그러나 '하나님'이 되고 싶은 어부 아내의 마지막 소원은 성취되지 못한 채, 지금까지 성취했던 부와 명성과 권력조차도 한순간에 사라져 버리고, 다시금 처음의 어부의 오막살이 모습으로 환원되고 만다.

거기에 그들은 아직 오늘날까지도 앉아 있는 거예요.

동화의 시작과 일치, 곧 동화의 순환적 종결이 욕심 많은 어부 아내의 소원 성취의 문제를 도덕적·상징적으로 해결하는 열쇠가 되는 것이다. 다시 말해 '가난'에서 벗어나려는 인간의 소원이 지나친 욕심으로 변질되어 결국 '일장춘몽'의 해프닝으로 끝나는 것이다.

그림 형제가 동화모음집을 출판하지 않았다면, 동화문학이 존재했겠는가? 그림 동화가 없었다면, 수많은 동화 작가와 연구가들이 무엇을 근거로 글을 쓰고 분석하겠는가? 그만큼 그림 형제가 동화문학에 끼친 영향은 절대적이다. 동화는 소원 성취의 생산물이다. 인간의 무의식 세계에 잠재한 소원이 의식 세계에서 성취되는 과정을 동화는 마음껏 보여줄 수 있다.

그림 동화 「어부와 그의 아내에 대하여」는 바로 이러한 소원 성취의 환상이 적나라하게 표현된 뛰어난 작품이다. 이 동화에서 환상의 순수한 유희가 여섯 가지 단계로 펼쳐지는데, 첫 번째 작은 집과, 두 번째 성에 대한 소원 성취가 물건에 대한 소원 성취라면, 세 번째 왕과, 네 번째 황제, 다섯 번째 교황, 여섯 번째 하나님에 대한 소원 성취는 권력에 대한 소원 성취라고 말할 수 있다. 결국 인간의 소원에는 한계가 있으며, 그 한계를 뛰어넘는 소원 성취는 불가능하다는 점을 이 동화는 도덕적 교훈으로 제시하는 것이다.

더욱이 「어부와 그의 아내에 대하여」 동화에서는 소원 성취의 문제뿐만 아니라, 반복과 상승, 의인화, 금속화와 광물화 등이 동화의 독특한 특징으로 작용하는데, 동일한 단어와 문장의 반복, 그 반복에 따른 상승작용, 인간과 물고기가 자유롭게 의사소통을 하는 의인화, 그리고 소원 성취 때마다 상승되어 표현되는 금속화와 광물화가 그것이다.

욕심은 더 큰 욕심을 낳는다고 했듯이, 인간은 무한한 욕심을 무의식 속에 감추고 살아간다. 그 무의식이 의식화될 때, 한계와 정도에 따라 실현 가능한 욕심과 불가능한 욕심으로 나누어지는 것이다. 바로 이러한 심리적 문제가 그림 동화 「어부와 그의 아내에 대하여」에서도 소원 성취의 문제로 표출되며, 결국 무소유의 삶, 내버림의 미학이 교훈적으로 대미를 장식하는 것이다.

참고문헌

Alewyn, Richard, *Über Hugo von Hofmannsthal*, Vandenhoeck & Ruprecht Göttingen, 4. Aufl., 1967.

Andersen, Hans Christian, *Märchen, Bilder von Nikolaus Heidelbach, Aus dem Dänischen von Albrecht Leonhardt*, Beltz & Gelberg, 2007.

Apel, Friedmar, *Die Zaubergärten der Phantasie. Zur Theorie und Geschichte des Kunstmärchens*, Carl Winter Universitätsverlag Heidelberg, 1978.

Bastian, Ulrike, *Die "Kinder- und Hausmärchen" der Brüder Grimm in der literaturpädagogischen Diskussion des 19. und 20. Jahrhunderts*, Haag + Herchen Verlag Frankfurt/Main, 1981.

Beicken, Peter U., *Franz Kafka*, Athenäum Fischer Taschenbuch Verlag Frankfurt am Main, 1974.

Beit, Hedwig von, *Symbolik des Märchens. Versuch einer Deutung*, Francke Verlag Bern, 2. Aufl., 1960.

Broch, Hermann, *Hofmannsthal und seine Zeit*, Suhrkamp Verlag Frankfurt am Main, 1974.

Brüder Grimm, *Kinder- und Hausmärchen*, Wissenschaftliche Buchgesellschaft Darmstadt, 1978.

Dettmering, Peter(Hrsg.), *Kinder- und Hausmärchen der Gebrüder Grimm, Erstdruckfassung 1812-1815*, Verlag Dietmar Klotz GmbH Eschborn bei

Frankfurt am Main, 2004.

Dolle, Bernd(Hrsg.), *Es wird einmal... Soziale Märchen der Zwanziger Jahre*, Weismann Verlag München, 1983.

Fetscher, Iring, *Wer hat Dornröschen wachgeküßt?, das Märchen-Verwirrbuch*, Fischer Taschenbuch Verl. Frankfurt am Main, 1976.

Franz, Marie-Louise von, *Der Schatten und das Böse im Märchen*, Kösel-Verlag München, 1985.

______, *Psychologische Märchen*, Kösel-Verlag München, 1986.

Freud, Sigmund, *Die Ichspaltung im Abwehrvorgang*, GW XVII, S. Fischer Verlag Frankfurt am Main, 1938.

Geerken, Hartmut(Hrsg.), *Die goldene Bombe. Expressionistische Märchendichtungen und Grotesken*, Agora Darmstadt, 1970.

Goethes Werke, Bd. 2, Verlag C. H. Beck München, 10. Aufl., 1976.

______, Bd. 12, Verlag C. H. Beck München, 10. Aufl., 1982.

Hagedorn, Günter, *Die Märchendichtung Hugo von Hofmannsthals*, Diss. Köln, 1967.

Hermann Hesse, *Die Märchen*, Suhrkamp Taschenbuch Verlag, Frankfurt am Main, 1975.

Jolles, André, *Einfache Form*, Max Niemeyer Verlag Tübingen, 5. Aufl., 1974.

Karlinger, Felix, *Grundzüge einer Geschichte des Märchens im deutschen Sprachraum*, Wissenschaftliche Buchgesellschaft Darmstadt, 1983.

Kassel, Norbert, *Das Groteske bei Franz Kafka*, Wilhelm Fink Verlag München, 1969.

Klotz, Volker, *Das europäische Kunstmärchen*, J. B. Metzlersche Verlagsbuchhandlung Stuttgart, 1985.

Knüsel, Käthi, *Reden und Schweigen in Märchen und Sagen*, Diss. Zürich, 1980.

Köhler, Wolfgang, *Hugo von Hofmannsthal und "Tausendundeine Nacht"*, Herbert Lang Bern Peter Lang Frankfurt/M., 1972.

Kümmerling-Meibauer, Bettina, *Die Kunstmärchen von Hofmannsthal*, Musil und Döblin, Böhlau Verlag Köln Weimar Wien, 1991.

Lee, Song Hoon, *Die Dualismusprobleme bei Hugo von Hofmannsthal*, Diss. Bielefeld,

1992.
Luther, Martin, *Das Handwerkszeug des Christen*, Verlag Neue Stadt München · Zürich · Wien 1991.
Lüthi, Max, *Das europäische Volksmärchen*, Francke Verlag München, 5. Aufl., 1976.
______, *Die Gabe im Märchen und in der Sage*, Zürich, 1943.
______, *Es war einmal*, Vandenhoeck & Ruprecht in Göttingen, 3. Aufl., 1968.
______, *Das Volksmärchen als Dichtung und als Aussage*, in: *Wege der Märchenforschung*, Hrsg. von F. Karlinger, Wissenschaftliche Buchgesellschaft Darmstadt, 1985, S.
Mense, Josef Hermann: Die Bedeutung des Todes im Werk Franz Kafkas, Diss. Kassel, 1978.
Metzeler, Werner, *Ursprung und Kriese von Hofmannsthals Mystik*, Bergstadt-Verlag Wilhelm Gottlieb Korn München, 1956.
Müller, Paul Emanuel, *Novalis' Märchenwelt*, Diss. Zürich, 1953.
Novalis, *Schriften*, 1. Bd., Hrsg. von Paul Kluckhohn und Richard Samuel, W. Kohlhammer Verlag Stuttgart, 1960.
______, *Schriften*, 1. Bd., Das Märchen von Hyacinth und Rosenblüthe, in Die Lehrlinge zu Sais, Hrsg. von P. Kluckhohn und R. Samuel, Verlag W. Kohlhammer Stuttgart, 1977.
______, *Fragmente*, Hrsg. von Ernst Kamnitzer, Wolfgang Jess Verlag in Dresden, 1929.
______, *Fragmente II*, Hrsg. von Ewald Wasmuth, Verlag Lambert Schneider Heidelberg, 1957.
Obenauer, Karl Justus, *Das Märchen*, Vittorio Klostermann Frankfurt am Main, 1959.
Paede, Paul, *Krankheit, Heilung und Entwicklung im Spiegel der Märchen*, Vittorio Klostermann Frankfurt am Main, 1986.
Pfeifer, Martin, *Hesse-Kommentar zu sämtlichen Werken*, Suhrkamp Verlag Frankfurt am Main, 1990.
Poser, Therese, *Das Volksmärchen*, R. Oldenbourg Verlag München, 1980.

Propp, Vladimir, *Morphologie des Märchens*, Hrsg. von Karl Eimermacher, Suhrkamp München, 1975.

______, *Die historischen Wurzeln des Zaubermärchens*, Carl Hanser Verlag Mü nchen, 1987.

Reitz, Klaus, *Ästhetik und Sittlichkeit. Die Entwicklung von Hofmannsthals Prosa in ihrer zeitgeschichtlichen Bedeutung*, Diss. München, 1976.

Resch, Margit, *Das Symbol als Prozeß bei Hugo von Hofmannsthal*, Forum Academicum in der Verlagsgruppe Athenäum Hain Scriptor Hanstein, 1980.

Rölleke, Heinz(Hrsg.), *Die älteste Märchensammlung der Brüder Grimm*, Fondation Martin Bodmer Cologny-Genève, 1975.

______, *Die Stellung des Dornröschenmärchens zum Mythos und zur Heldensage*, in: Antiker Mythos in unseren Märchen, Hrsg. von W. Siegmund, im Erich Röth-Verlag Kassel, 1984.

Schneeberger, Irmgard, *Das Kunstmärchen in der ersten Hälfte des 20. Jahrhunderts*, Diss. München, 1960.

Stier-Somlo, Helene, *Das Grimmsche Märchen als Text für Opern und Spiele*, Walter de Gruyter & Co. Berlin und Leipzig, 1926.

Tismar, Jens, *Kunstmärchen*, J. B. Metzlersche Verlagsbuchhandlung Stuttgart, 1977.

______, *Das deutsche Kunstmärchen des zwanzigsten Jahrhunderts*, J. B. Metzlersche Verlagsbuchhandlung Stuttgart, 1981.

Wellek, Albert, *Die Polarität im Aufbau des Charakters*, Francke Verlag Bern und München, 3. Aufl., 1966.

Wesselski, Albert, *Versuch einer Theorie des Märchens*, Verlag Dr. H.A. Gerstenberg Hildesheim, 1974.

Wilpert, Gero von, *Sachwörterbuch der Literatur*, Alfred Kröner Verlag Stuttgart, 5. Aufl., 1969.

Wolfersdorf, Peter, *Märchen und Sage in Forschung, Schule und Jugendflege*, Waisenhaus-Buchdruckerei und Verlag Braunschweig, 1958.

김열규 옮김, 『어른을 위한 그림형제동화전집』, 경기 고양: 현대지성사, 2010.
미사오 키류(Misao Kiryu) 저, 이정환 역, 『알고 보면 무시무시한 그림동화』, 서울: 서울문화사, 1999.
안데르센(Andersen, Hans Christian) 저, 김유경 옮김, Eventyr og Historier, 『안데르센동화전집』, 서울: 동서문화사, 2007.
윤후남 옮김, 『어른을 위한 안데르센동화전집』, 경기 고양: 현대지성사, 2004.
이링 페처(Iring Fetscher) 저, 이진우 역, 『누가 잠자는 숲 속의 공주를 깨웠는가』, 서울: 철학과 현실사, 1991.
이성훈, 『동화의 이해』, 서울: 건국대학교출판부, 2003.
______, 『그림동화－동창미인 그림형제』, 서울: 건국대학교출판부, 2011.
이원수 · 손동인 엮음, 『한국전래동화집』 1~6, 서울: 창작과비평사, 2002.

www.google.co.kr
www.naver.com
www.daum.net

찾아보기

[ㄴ]

[ㅅ]

[ㅇ]

[ㅈ]

[ㅊ]

[ㅋ]

[ㅌ]

[ㅍ]

동화론

1판 1쇄 펴낸날 2014년 1월 15일
1판 2쇄 펴낸날 2015년 7월 30일

지은이 이성훈
펴낸이 송희영

펴낸곳 건국대학교출판부
등록 / 제 4-3 호(1971. 6. 21.)
주소 / 143-701, 서울시 광진구 능동로 120 건국대학교
전화 / (02) 450-3891 ~ 3
팩스 / (02) 457-7202
홈페이지 / http://press.konkuk.ac.kr
e-mail / press@konkuk.ac.kr

책임편집 박명희
찍은곳 정문출판주식회사

정가 12,000원

ISBN 978-89-7107-567-8 03800

이 도서의 국립중앙도서관 출판시도서목록(CIP)은 서지정보유통지원시스템 홈페이지(http://seoji.nl.go.kr)와 국가자료공동목록시스템(http://www.nl.go.kr/kolisnet)에서 이용하실 수 있습니다.(CIP제어번호: CIP2013027639)